让孩子们心动的故事

Open the window of your heart

开启
心灵之窗

燕子 主编

哈尔滨工业大学出版社
HARBIN INSTITUTE OF TECHNOLOGY PRESS

图书在版编目(CIP)数据

开启心灵之窗 / 燕子主编. — 哈尔滨：哈尔滨工业大学出版社，2016.1
(让孩子们心动的故事)
ISBN 978-7-5603-5393-7

Ⅰ. ①开… Ⅱ. ①燕… Ⅲ. ①童话－作品集－世界 Ⅳ. ①I18

中国版本图书馆 CIP 数据核字（2015）第 114387 号

让孩子们心动的故事

开启心灵之窗

策划编辑	甄淼淼
责任编辑	李广鑫
文字编辑	葛文婷　苗　青
装帧设计	麦田图文
美术设计	Suvi zhao　蓝图
出版发行	哈尔滨工业大学出版社
社　　址	哈尔滨市南岗区复华四道街 10 号　邮编 150006
传　　真	0451-86414749
网　　址	http://hitpress.hit.edu.cn
印　　刷	牡丹江邮电印务有限公司
开　　本	889mm×1194mm　1/32　印张 5　字数 60 千字
版　　次	2016 年 1 月第 1 版　2016 年 1 月第 1 次印刷
书　　号	ISBN 978-7-5603-5393-7
定　　价	16.80 元

（如因印装质量问题影响阅读，我社负责调换）

前言

嘿,亲爱的你,最近心情怎么样?晴空万里,还是阴云密布?或许你到了有心事的年龄了,让我猜猜,都有哪些烦心事呢?

是不是你被家长或者老师说,不合群、不愿与人分享、不爱思考、不愿和人交往、不相信他人、做事情拖拉、不注意安全、不守信用、不自信等等。

嘿,别担心,快翻开这本让无数孩子心动的故事书,神奇的魔力会让懒惰变勤奋、说谎变诚实、懦弱变勇敢、哭泣变微笑……

嘿,成长就是这样,笑对生活,学会分享,让烦恼消失,让快乐回来!

- 龟兔赛跑 6
- 猴子捞月亮 12
- 爱尔莎与捕雀网 20
- 狐狸和仙鹤 26
- 衬衫领子 34
- 小狐狸买手套 44
- 踩着面包走的女孩儿 52
- 小兔子换胆 60
- 老鼠、小鸟和香肠 68
- 小鬼和商人 74
- 两个神秘的小鞋匠 82
- 渔夫和他的妻子 88

目录

- 破解魔法的「钥匙」 94
- 鹳鸟 102
- 白新娘和黑新娘 112
- 都是鞋子惹的祸 124
- 牧猪人 132
- 野天鹅 144
- 白雪公主 154

Contents

龟兔赛跑

森林里,住着一只乌龟和一只兔子。

乌龟爬得很慢,兔子却跑得飞快。兔子在森林中一会儿跑,一会儿跳,每天都过得十分开心。

"今天的天气简直太好了,美好的一天就要开始了。"兔子满心欢喜地说。就在这时,他看到一旁正在缓慢爬行的乌龟。

"瞧,乌龟爬行的样子真是好笑,要是我和他比赛谁跑得快,那一定非常有趣!"兔子心里想。

于是,兔子走上前去,对乌龟说:"乌龟先生,请问你有兴趣和我赛跑吗?你想知道我们两个到底谁跑得快吗?"乌龟好像没听到一样,依旧默默地向前爬着。

乌龟心想:"兔子一定是在和我开玩笑吧。"

就在乌龟先生想要离开的时候,兔子哈哈大笑起来,他嘲笑乌龟说:"乌龟先生,你胆子可真小,就那么害怕输吗?"

"难道你不觉得你的结论下得有些过早吗?我可不认为我一定会输。我也从未感到过害怕,既然你那么愿意和我比赛,那我们就开始吧。"乌龟看到兔子骄傲自负的样子,十分生气。

"既然这样,那我们就以脚下

的这片土地作为起点,以那边山脚下的第一棵大树作为终点,比一比,看看我们两个到底谁先到达。"兔子高傲地说。

比赛开始,兔子便飞快地跑了出去。跑着、跑着,兔子觉得有些累了,他暗暗地想:"我真好奇,乌龟到底爬到哪里了?他一定比我慢了很多。"兔子回头看了一眼乌龟,果然乌龟才爬了一小段路。

"乌龟爬得那么慢,一定会输的,倒不如我先休息一下,等养足精神再跑。"兔子自言自语地说。

不一会儿,兔子便躺在地上睡着了。尽管乌龟爬得很慢,但却一直在爬。

渐渐地,乌龟超越了兔子。不知过了多久,兔子终于睡醒了。

"乌龟怎么不见了?他到底爬到哪里了?"兔子边说边前后张望。"呀,不好。"兔子惊呼起来。他看到乌龟马上就要到达终点了。兔子急忙加快脚步跑起来,想要追上乌龟。尽管他跑得很快,却依旧比乌龟晚了一步。乌龟不慌不忙地爬到了大树底下,赢得了比赛。

和爸爸、妈妈一起分享

兔子瞧不起乌龟,可是在赛跑比赛上,却输给了乌龟。这其中轻敌占了很大一部分原因。

兔子看不起乌龟,于是比赛的时候并不认真努力,乌龟虽然实力不如兔子,可是却一直努力向前、坚持不懈,最终取得了胜利。

上次考试前,我问孩子复习得怎么样?他说没问题,因为他的实力比第二名强太多,结果考试成绩却是第三名。我告诉他这就是不认真面对考试的结果。

他很快吸取了这次的教训,以后对待每次考试,他都严肃认真,因此他的考试成绩也比较理想。

青岛市邹志豪爸爸　邹世山

小朋友,关于这个故事你有什么话要说,写到下面吧!

成语游戏

在下面的空格里面填上适当的字,看看这些字可以重新组成什么成语。

黑	风	高
目	张	胆
移	斗	转
世	之	宝

和	日	丽
过	天	晴
心	协	力
车	劳	顿

若	悬	河
非	曲	直
神	不	定
同	小	可

高	地	厚
无	人	烟
大	物	博
生	常	谈

猴子捞月亮

夜深了,人们都已经休息了。月光洒满了整片森林,洒满了大地,洒到了井里。森林中有一群猴子仍然在快乐地玩耍着。

忽然,有一只小猴子大喊起来:"月亮掉到井里去啦!月亮掉到井里去啦!"叫喊声打破了森林中的平静。

原来,一只小猴子在井边玩耍时,看到井里有一轮"明月",便以为月亮掉到井里了。

另一只猴子听到喊声,急忙跑过来看看到底发生什么事儿了。不一会儿,他也喊了起来:

"月亮掉到井里去啦!月亮掉到井里去啦!"

叫声惊动了整个猴群,那些原本沉浸在快乐中的猴子们纷纷赶来。他们瞪大了眼睛,想看看到底发生了什么事情。

猴子们纷纷把目光投进了井里,他们你看看我,我看看你,不一会儿,便惊恐地叫着:"怎么办呀,怎么办呀?月亮掉到井里了,月亮掉到井里了!"

猴子们不禁有些慌乱了,他们一个个着急得就好像热锅上的蚂蚁,一会儿跺跺脚,一会儿连连叹息。

他们感叹道:"这是多么可怕的事情!我们到底该怎么办?没有了月亮,我们以后怎么生活?"原本平静的森林瞬间像热水一般沸腾起来。

后来，一只年纪大的猴子说："着急有什么用呢？我们得快点儿想办法把月亮捞出来才行！"

"可我们又能做什么呢？"另一只猴子问。

他们左瞧瞧，右看看，在地上不停地走着，突然，那只年纪大的猴子说："井水那么深，要想把月亮捞出来，恐怕要凭借大家的力量才能做到，只有我们大家拧成一股绳，才能把手伸进井里。"

"可我们要怎样才能拧成一股绳呢？"另一只猴子问。

"你们瞧，在井边有一棵树，我想这棵树将会给予我们极大的帮助。"

说完，老猴便一跃而起，他一下子就跳到了树上，随后把自己倒挂起来。其他的猴子似乎明白了老猴的用意，然后另一只猴子跳到老猴子身上，老猴子抓住他的腿，这只猴子也倒挂起来。其他猴子也学着他们的样子，你抱我的腿,我勾你的头,纷纷倒挂起来,现在看起来像极了一条绳子。

猴子们连接成的"绳子",逐渐向井里延伸去。

最初发现月亮掉进井里的那只小猴子被挂在了最下边,他缓缓将手伸进井水中,开始捞起了月亮。可无论他怎么努力都不能将"月亮"捞起来,冰冷的井水不断地从小猴子指尖流过。

小猴子捞了半天,却没有取得一丝进展,可他不愿放弃,依旧在井水中不停地捞着。

时间就像小河里的水,默默地流淌着。过去了一分钟,又过去了一个小时,有些猴子似乎觉得累了,他们叹息地说:"哎哟,真是要累死了,到底有没有捞出来?到底什么时候才可以从树上下来?"

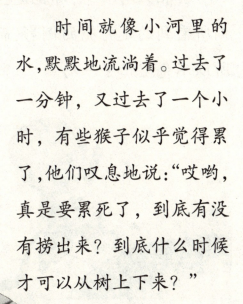

现在，就连那只想出主意，建议大家捞月亮的老猴子，也觉得有些累了。

当他抬头仰望星空时，他发现月亮依旧挂在天上，依旧散发着皎洁的月光，于是他说："别捞了，月亮还在天上挂着呢！"

其他的猴子听了他的话，也都抬起头，他们发现月亮果真稳稳地挂在天上。

猴子们不禁疑惑起来，感叹地说："这到底是怎么回事？"

真相只有一个，那就是：猴子们并不知道他们所看到的是月亮的倒影，而不是真正的月亮，所以不免空忙了一场。

和爸爸、妈妈一起分享

　　好心的猴子们要将月亮送回天上，可惜，水中的月亮是天上月亮的倒影。

　　猴子们虽然白忙了一场，可是他们的善良却感动了读故事的我和我的孩子。

　　俗话说"勿以善小而不为"，说的是：不要因为一件善事太小，不能让人夸奖、记住，就不去做它。猴子们在捞月亮的时候，也从来没想，别人会表扬自己做的善事呀。

　　我们帮助别人的时候也要有"猴子捞月"的精神，不嫌善事小，不辞辛苦。

　　读故事的各位家长、孩子，今天你们做善事了吗？

北京市于蛟洋爸爸　于立峰

小朋友，关于这个故事你有什么话要说，写到下面吧！

_____

_____

_____

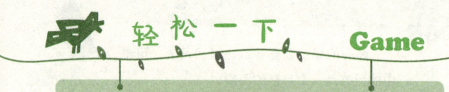

轻松一下　Game

徘徊的时间

很久以前,我终于明白,其实一直有一种可以拉长的时间。那种时间,你仔细看表的时候,你会发现它真的没有认真走过——哦,是在等什么?又为什么等呢?

现在,我又一点一点地发现,其实这种时间是徘徊在很多地方的,好像它真的被无限拉宽、拉长。

火车站前的检票机上也有你的脸吧?那个可以让火车晚点开,好让送别的人再多一些相聚的家伙就是你吧?徘徊的时间,你可真会来事。不过,这又有什么错呢?对,很好,你拉长了时间,却缩短了人与人之间的距离……不过,与你所不同的一种时间常常会跳出来作梗。它风驰电掣,让人来不及观赏和体味沿途的风景,天已黄昏,人也东西。它让我和朋友的相聚戛然而止——我童年中最要好的那位同学在二年级的时候转了学。还好,幸亏有你,你能将我的思念拉长，将彼此的记忆拉长——你是把你的小船停泊在我的记忆中了吧？记录并储存着我们快乐的故事，并一点一点地拉长它们，使我们无论相隔多远，都能看见彼此的面容。

下午茶时间，葱茸面包和各种茶和布丁和蛋糕摆上桌的时候，你也会趴在我对面的桌子上呢！突然觉得，那时的你真是可爱得很，也许是你满足了我，我才会这样想的吧。这样说来，你会不会觉得我很贪心？没关系啦！谁都会喜欢这种下午茶优雅安静的感觉，包括你，对不对？

……

在这之前，我从来不会喜欢这种被拉扯的东西。但放心，我喜欢你——徘徊的时间。因为我渐渐懂得，你是可以拉长爱，拉长思念，拉长记忆，拉长生活品位的。你的徘徊，创造了世界上独一无二的执着和坚持。

少年小作家　王安忆佳

爱尔莎与捕雀网

有一个女孩儿叫爱尔莎,大家都夸她聪明。

时间一天天过去,爱尔莎渐渐地长大了。一天,她的父亲对她的母亲说:"亲爱的妻子,我们的爱尔莎应该结婚了。"

"亲爱的丈夫,你说得很对,可是也要有人前来求婚才行,但愿我们很快就能实现愿望。"爱尔莎的母亲说。

没过多久,一个名字叫汉斯的年轻人便登门了,他对爱尔莎的父亲和母亲说:"我多么希望爱尔莎能成为我的妻子,不过她必须要有智慧。"

爱尔莎的父亲说:"我们的爱尔莎非常聪明,这点你完全可以放心。"

爱尔莎的母亲也夸赞自己的女儿,说:"就连风儿都无法逃过她的眼睛,就连苍蝇嗡嗡的叫声都无法逃过她的耳朵。"

"要是那样,简直太好了,我多么需要一个聪明的人做我的妻子啊。"

很快,汉斯便和爱尔莎结婚了。

一天,汉斯对爱尔莎说:"亲爱的妻子,我要去城里做生意了,拜托你去农田中割些麦子回来,那样我们就有面包吃了。"

"亲爱的丈夫,非常愿意为您效劳。"爱尔莎回答说。

汉斯听完妻子的话便高兴地出门了。

爱尔莎煮了一碗粥带到麦地里。她自言自语地说:"或许我应该把粥喝完,睡一觉再割麦子,这样才有体力呀。"于是,爱尔莎喝完了粥,便躺在麦地里呼呼大睡起来。

转眼间,天已经黑了下来,可爱尔莎依旧沉浸在睡梦中,没有醒来。汉斯回到家中发现爱尔莎没有回来,他暗暗地想:"我真高兴能有这样一位勤劳的妻子。瞧,太阳都已经落山了,她还没有回来,她一定是因为干活忘记了回家。或许她已经被麦子压弯了腰,我该去农田中看看她了。"

然而,汉斯恐怕要失望了。到了农田,他才发现爱尔莎并没有割麦子,正躺在地里呼呼大睡呢。

这下可把汉斯气坏了。他跑回家拿来一个系着小铃铛的捕雀网,罩到了爱尔莎的身上,气愤地说:"就让网上的铃铛来叫醒你好了,也该让你知道现在是什么时候了。"

可是爱尔莎依旧没有醒。望着沉睡中的爱尔莎,汉斯更生气了,他将爱尔莎扔在农田里,独自一个人回家了。回到家中,他把门关上,开始干起了活。

天完全黑下来的时候,爱尔莎终于醒了。她伸伸懒腰站了起来,几乎被吓了一跳。她暗暗地想:"我身上怎么会有捕雀网呢?到底发生了什么事儿?"

就在她心中满是疑惑时,她听到一阵叮叮当当的铃声,她更加不明白了:自己到底是谁?自己到底还是不是那个聪明的爱尔莎了?想到这里,她不顾一切地跑回了家。

爱尔莎敲了敲门,问道:"爱尔莎在家吗?"

汉斯说:"在家。"

爱尔莎大吃一惊:"哦,上帝啊!看来我不是爱尔莎了。"她心中十分伤心,便离开了家,再也没有回来。

和爸爸、妈妈一起分享

"妈妈,汉斯为什么要骗爱尔莎,在爱尔莎问他爱尔莎是否在家的时候,回答说她在家呢?"听完故事后小熙问我。

我告诉她:"你说得没错,汉斯确实欺骗了爱尔莎。因为汉斯觉得曾经的那个聪明、美丽的爱尔莎才是他的妻子,而懒惰、愚蠢的爱尔莎并不是他的妻子。汉斯太生气了,他不希望懒惰的爱尔莎回家。"

"汉斯真是坏蛋!"小熙说。

是的,汉斯的做法不对,但是爱尔莎懒惰的行为也是不可取的呀!

哈尔滨市陈润熙妈妈 李玉静

小朋友,关于这个故事你有什么话要说,写到下面吧!

看图猜成语

请根据下图的提示，猜猜是哪个成语，然后将猜到的成语从下面的字中选出来，写在空格中。

中	有	共	睹	光	呆	不	斜
视	不	仇	一	叶	人	障	短
浅	瞪	口	转	睛	反	为	无

狐狸和仙鹤

很久以前,狐狸和仙鹤是一对很要好的朋友。一天,狐狸对仙鹤说:"喂,朋友,今天天气真是好极了,你愿意和我一起出去走走吗?"

"当然了,狐狸先生。"仙鹤说。

他们一会儿到这里瞧瞧,一会儿又到那里看看,转眼间到了中午。

狐狸对仙鹤说:"仙鹤女士,你一定饿了吧?要是你愿意就请到我家坐坐吧。"

"感谢你的好意,那么我们现在就走吧。"仙鹤高兴地说。

不一会儿，他们就来到了狐狸家，狐狸高兴地说："仙鹤女士，欢迎你的到来，十分愿意为你献上我的美味，不过现在请你先喝杯咖啡吧。"

狐狸为仙鹤倒好了咖啡，便向厨房走去。狐狸暗暗地想："我要想个办法才好，要不然我的食物就要都被仙鹤吃掉了，我可不希望发生那样的事儿。"

仙鹤一边喝着咖啡，一边看着窗外的风景。

没过多久，狐狸便端着一盘肉汤走了出来。肉汤散发出扑鼻的香味，不过装肉汤的盘子却很浅，仙鹤的嘴却是又尖又长。

狐狸热情地对仙鹤说："仙鹤女士，愿你用餐愉快。"

仙鹤的肚子已经在咕咕叫了，肉汤散发出的香味不断地冲击着仙鹤的味觉，仙鹤的肚子叫得更加厉害了，可她就是吃不到嘴里。

再看看狐狸，只见他大口大口地喝着，一边

喝,一边对仙鹤说:"仙鹤女士,我们可是老朋友了,请不要客气。"

不一会儿,狐狸便把肉汤喝光了,他假惺惺地对仙鹤说:"仙鹤女士,你觉得这汤的味道怎么样?"

听了狐狸的话,仙鹤十分生气,但却表现出一副高兴的样子,回答说:"我很满意,要是方便,就请你明天也来我家做客吧。"说完,仙鹤便离开了狐狸的家。

第二天中午,狐狸果真来到了仙鹤的家,仙鹤高兴地说:"狐狸先生,欢迎你的到来,我已经等你很久了。"

狐狸听了仙鹤的话,微笑着说:"我真高兴你会这样想。"

仙鹤说:"我正在烧鱼,十分愿意和你一起分享美味。"

说完,仙鹤便回到厨房中,忙碌起来。不一会儿,空气中便弥漫着扑鼻的香味,仙鹤对狐狸说:"狐狸先生,请不要着急,美味很快就会端上桌了。"过了一会儿,仙鹤便把做好的鱼端上来了。

仙鹤说:"狐狸先生,请用餐吧!"

鱼被装在了一个细口瓶中,散发出诱

人的香味,狐狸馋得都要流出口水了,却无论怎样也吃不到嘴。这可把狐狸急坏了。

仙鹤一边吃,一边对狐狸说:"狐狸先生,请不要客气,我们可是老朋友了!"

或许是因为狐狸的嘴太宽,他想尽各种办法也不能吃到瓶子中的鱼。

狐狸无奈极了,也只好耷拉着脑袋,饿着肚子回家了,后来他们再也没有去过彼此家做客。

和爸爸、妈妈一起分享

"请同学们评判一下,狐狸和仙鹤的做法谁的对?"班会课上,我给同学们讲完《狐狸和仙鹤》这个故事后,提出了这个问题。

"我觉得狐狸不对,要不是它不舍得给仙鹤好吃的,仙鹤也不会想要对狐狸'以其人之道,还治其人之身'。"一个同学回答。

"我觉得仙鹤不对,它太斤斤计较了,狐狸是小气,以后不理它就行了,何必伤和气?"另一个同学反驳说。

"我觉得狐狸和仙鹤的做法都不对,朋友之间应该友爱、信任、包容,可看看它们两个都是怎样做的呢?"第三个同学说。

读者朋友,你赞同谁的观点呢?

鸡西市初中语文老师 曹庆文

小朋友,关于这个故事你有什么话要说,写到下面吧!

_____
_____
_____

轻松一下 Game

填字游戏

在下面的括号里填上一个字，使它们完整。你能想到这个字是什么吗？

( )良　　从( )如流
( )举　　慈眉( )目
( )意　　乐( )好施
( )待　　多愁( )感

( )罢甘休　　尽( )尽美
上( )若水　　( )始有终
止于至( )　　( )男信女
勿以( )小而不为，勿以恶小而为之。

同学们一定看出是什么字了吧，在生活中我们也要做一个( )良的人。

巧填成语

用一到十的数字填写下面的成语。

（ ）心（ ）意
（ ）人同心　（ ）龙戏珠
（ ）阳开泰　（ ）生有幸
（ ）海为家　（ ）面楚歌
（ ）谷不分　（ ）体投地
（ ）神无主　（ ）亲不认
（ ）拜之交　（ ）方呼应
（ ）牛一毛　（ ）九归一
（ ）万火急　（ ）全十美

同学们，你还能举出这样的成语吗？

_____

_____

_____

_____

衬衫领子

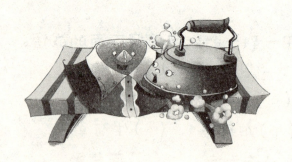

有一个衬衫领子,他已经不再年轻了,却还没有找到心爱的人。

一天,主人把他和袜带混一起放在水里洗。袜带的身材十分苗条,在水中摇曳着身姿,衬衫领子不禁动了心。

他动情地对袜带说:"可爱的小姐,你长得简直太漂亮了,你愿意告诉我你的名字吗?"袜带没有回答。

衬衫领子又问:"那么你愿意告诉我,你的家在哪里吗?"袜带依旧没有回答。

衬衫领子暗暗地想："漂亮的女孩儿一定喜欢听到赞美，看来我要多说上几句赞美的话了。"

于是，他更加动情地对袜带说："你长得这样美丽，又很实用，你真是太可爱了。"

可袜带却说："这位先生，我真是不明白，你到底想要说什么？我想我没有必要回答你的问题吧。"

"怎么会呢？你的美丽深深吸引了我，我多么希望你能成为我的恋人。"衬衫领子说。

"可我们并不认识，你简直想得太多了！"袜带看上去有些生气了。

"我可是一位绅士，我拥有一把漂亮的梳子和一个脱靴器，难道我不够好吗？"衬衫领子疑惑地问。不过衬

衫领子所说的话并不是真的,因为梳子和脱靴器只属于他的主人。

袜带想了想说:"你拥有什么又和我有什么关系呢?拜托你不要离我太近,我还没有办法习惯一个陌生人突然走近我。"

"怎么会这样?我真是不明白她到底是怎样想的。"衬衫领子自言自语地说。

后来,衬衫领子被拿到了熨斗板上,一个滚烫的熨斗在他身上来回走着。衬衫领子说:"熨斗太太,感谢你帮我抚平身上的皱纹,把我变得平整,你真是一个不错的人。你一个人生活简直太孤单了,你愿意和我在一起生活吗?"

熨斗生气地说:"你的年纪已经不小了,我真不明白你为什么会有这样的想法?看来我要让你变得清醒一些了。"

说完,熨斗在衬衫领子上走得更快了,不一会儿便把衬衫领子烫出了一个大洞。

衬衫领子的年龄越来越大了,边缘已经有

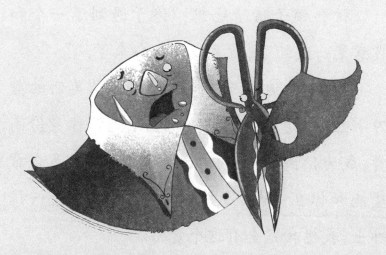

些磨损了,剪刀走上前来对衬衫领子说:"先生,瞧,你的边缘已经有些磨损了,就让我来帮你打理一下好了。"

"感谢你的好意,看来要辛苦你了。"衬衫领子高兴地说。

只听咔嚓一声,剪刀便把衬衫领子边缘有些破损的地方剪掉了,衬衫领子又恭维剪刀说:"啊!你的姿态简直太美了,你看起来就像一个舞蹈家!"

"这些我都知道!"剪刀高傲地说。她并不愿意多看衬衫领子一眼。

衬衫领子暗暗地想：“终于遇到了一个和我意见一致的了，看来我的机会来了。”

于是，他迫不及待地对剪刀说：“美丽的剪刀小姐，你愿意和我在一起生活吗？你身份高贵，成为伯爵夫人一点儿也不为过。我多么希望能和你在一起，或许你并不知道，我是一位绅士，我想我完全有这个资格。”

可剪刀并不喜欢衬衫领子，她一气之下把衬衫领子那个烫焦了的破洞剪得更大了。

尽管衬衫领子在求婚过程中遭遇了一次又一次的失败，可他仍然没有放弃继续求婚的机会。

"求婚真是不容易，我的恋人到底在哪里呢？"衬衫领子嘟囔着说。忽然，他似乎想起了什么。

"哦，对了，我怎么把木梳小姐给忘了，我和她倒可以称得上是老相识了，或许她对我有着不错的印象，我为什么不去尝试一下呢？"衬衫领子欣喜地说。

于是,他来到了木梳面前,对木梳说:"美丽的木梳小姐,想来我们已经认识很久了。你愿意告诉我,你对我的看法吗?我多么希望能和你在一起生活。"

"衬衫领子先生,真是抱歉,你来得有些晚了,我已经和脱靴器订婚了。"

衬衫领子听了木梳小姐的话,心中充满了无奈,只好默默地走开了。

就这样,时间过去了很久,衬衫领子已经

变成老单身汉了。一天,他被装进了一个造纸厂的箱子里,他在这里遇见了许多破布朋友。

正当衬衫领子想和朋友们吹嘘自己求婚故事的时候,一位陌生人从很远的地方走来,他拿走了装着衬衫领子的箱子,把里面的破布一一投进了机器中,当然也包括衬衫领子。

不久,那些破布便被制成了一张张白纸,人们在白纸上书写着他们的故事,孩子们翻阅着白纸做成的书,现在也许很多孩子都知道衬衫领子的故事了。

和爸爸、妈妈一起分享

衬衫领子可真是风流多情，他看到一位小姐，就要向她求婚。衬衫领子自认为是一位难得的绅士，可为什么大家都拒绝了他的求婚呢？

我问孩子这个问题时，孩子说："因为衬衫领子太不自量力了，明明很老了，却以为自己很优秀，明明和其他女士并不匹配，却还是厚着脸皮求婚。"

我点点头，对孩子说："被衬衫领子求婚的其他女士也一定和你有相同的想法。分析事物，能够从事物的本质出发，你回答得真棒！"

深圳市周天妈妈　曹秀英

小朋友，关于这个故事你有什么话要说，写到下面吧！

_____
_____
_____

轻松一下 Game

填充古诗

下面是一些不完整的古诗,请同学们将缺少的词语填充完整。

1. 出塞

( )时明月( )时关,( )长征人未还。
但使龙城飞将在,不教胡马度( )。

2. 早发白帝城

朝辞( )彩云间,千里( )一日还。
两岸猿声啼不住,轻舟已过万重山。

3. 望庐山瀑布

日照香炉生紫烟,遥看瀑布挂前川。
飞流直下( ),疑是银河落九天。

4. 送孟浩然之广陵

故人西辞（　　　），烟花三月下（　　　）。

孤帆远影碧空尽，唯见（　　　）天际流。

5. 鹿柴

（　　　）不见人，但闻人语响。

返景入（　　　），复照青苔上。

6. 乐游园

向晚意不适，驱车登古原。

（　　　）无限好，只是近（　　　）。

小狐狸买手套

狐狸母子俩住在森林深处的一个山洞里。寒冷的冬天到来了,不久之前又下了一场大雪。

现在田野里、道路上就好像被铺上了白色的地毯一般,就连树枝也被白雪压弯了腰。白雪在阳光的照耀下,发出夺目的光亮。

尽管小狐狸已经在森林中生活了很久,可她却还没有见过雪。她刚走出洞口就感觉眼睛似乎被什么东西深深地刺痛了,于是她大声喊道:"亲爱的妈妈,不知是什么东西扎了我的眼睛。"

狐狸妈妈急忙跑来,她走出山洞,向外面的世界望去,她笑着说:"我的孩子,这就是我和你说过的雪。雪反射的光刺痛了你的眼睛,休息一下,眼睛就会好了。你看这雪多美,不要担心,快去玩儿吧!"

小狐狸听了妈妈的话,高兴地来到雪地上玩耍,她又是跑,又是跳,对周围的一切都充满了好奇。

她一会儿看看树梢,一会儿又看看蓝天,感叹道:"现在我终于见到白雪了,白雪看起来真美!"

贪玩的小狐狸在雪地上玩耍了很久,才回

到山洞里。她对妈妈说:"亲爱的妈妈,您瞧,我的手已经被冻得有些发紫了。"说着小狐狸便把两只被冻得发紫、湿乎乎的手伸到妈妈的面前。

狐狸妈妈心疼极了,她一边用自己温暖的手揉搓起小狐狸的手,一边暗暗地想:"天已经这么冷了,是时候给我的孩子买一副手套了,看到孩子在这样寒冷的天气里玩耍,我真是担心。"

天黑了,狐狸妈妈对小狐狸说:"我的孩子,我再也不希望你的手被冻伤了,现在我们就去镇上买一副手套吧。"说着,她们便离开了山洞向镇上走去。

"亲爱的妈妈,镇上到底在哪里,很远吗?"小狐狸问。

狐狸妈妈回答说:"镇上并不远,那里有美丽的灯光,不过那里的人们看起来凶巴巴的。"

说到镇上的人,狐狸妈妈便想起了上一次

和朋友到镇上买东西,结果被人误当成小偷,差一点儿被他们打死的事情,想到这里,心里不由得害怕起来。

于是,狐狸妈妈对小狐狸说:"我的孩子,我不能陪你一起去了,我担心那里的人们会认出我,你一个人去买手套吧,镇上的人看起来凶巴巴的,你可要当心啊。"

"可我到底要怎样才能买到手套呢?"小狐狸问。

狐狸妈妈回答说:"我会给你两枚铜钱,还会把你的一只手变成小孩儿的手。到时候你要记得:伸出那只变成小孩的手,把铜钱递给卖手套的那个人,说话要有礼貌。"狐狸妈妈继续说,"我可怜的孩子,前面的路就要靠你自己走了,我在这里等你。"

小狐狸听完妈妈的话,便一个人向镇上走去。

小狐狸一边朝镇上走,一边念叨着妈妈叮嘱的话:"买手套时,一定要伸出小孩儿的手,说话要有礼貌……"

"当当当",小狐狸敲着门,礼貌地说:"先生,请给我一副手套。"小狐狸一紧张便伸出了自己的手。

望着小狐狸伸出的手,店老板充满了惊奇,心想:"这不是狐狸的手吗?难道她是一只狐狸?要是那样,我恐怕就会一无所获了。"

可他又不能够完全确定,于是他冷静地说:"要是你真想买手套,就请把钱递给我。"

小狐狸听完老板的话,赶紧伸出那只变成小孩儿的手递上铜钱。

看到小狐狸伸出的小孩儿的手,老板心想:"看来刚才是我看错了,也许刚才是一个孩子的恶作剧吧。"于是老板便递上了一副小孩子的手套。

小狐狸拿到手套后,心想:"看来妈妈说的话也并非完全是对的,镇上的人并不像妈妈所说的那样可怕。"

小狐狸拿着手套回到了森林中。妈妈说:"我的孩子,我已经等了你很久了,你终于回来了,我真是为你担心啊。"

小狐狸说:"亲爱的妈妈,镇上的人看起来并没有想象中的那么可怕。"

"我的孩子,你愿意告诉我,你为什么会这样想吗?"狐狸妈妈问。

小狐狸说:"因为我今天已经和'人'说过话了,而且他还很友好。"

狐狸妈妈摸了摸小狐狸的头,微笑地对她说:"或许有一天,人和动物能在同一个世界里和平相处。"

和爸爸、妈妈一起分享

今天我读了小狐狸买手套的故事。小狐狸真可爱呀,毛茸茸的,看到雪就很开心,到处蹦蹦跳跳的,就和我家养的小京巴雪球一样。

说起来,雪球也喜欢假装自己是人类呢!比如我经常看到它只用两条后腿直立走路,就像人一样。雪球还能听懂人的话,我和它说、握手、趴下、装死、快跑等,它都能听明白,而且能做出对应的动作,从来没错过。

不知道能不能养狐狸,如果可以,我也想养一只。一只狗、一只狐狸像人一样并排走路的样子,一定很有趣。

齐齐哈尔市小学生　王雨航

小朋友,关于这个故事你有什么话要说,写到下面吧!

脑筋急转弯

1. 什么字，人们总是会念错？
2. 孔子和孟子有什么不同的地方？
3. 监狱里关着两个犯人，一天晚上监狱里的犯人都逃跑了，可是第二天打开牢门一看还有一个犯人，为什么？
4. 为什么小明刚一生下来就只有一只右眼？
5. 两对父子去买杯子，每人都买了一只杯子，可合起来却只有3只杯子，这是为什么呢？
6. 沙漠里原来有一群骆驼，又来了一群，一共有几群骆驼？

答案：1.错。2.孔子的子在左边，孟子的子在上边。3.他跑的时候把另一只关进去了。4.因为每个人都只有一只右眼。5.祖孙3代。6.总是一群。

踩着面包走的女孩儿

从前,有一个女孩儿叫英格尔。她长得很漂亮,但却非常骄傲。她经常把蝴蝶捉来,撕掉它们的翅膀。这样她就能看到蝴蝶们没有了翅膀,像虫子那样走路的样子。

母亲对她说:"英格尔,你不能这样做。你是一个穷人家的孩子,你要学着成为一个谦逊的人。"可英格尔就好像什么也没有听到一样,依旧我行我素。

十五岁时,她到一个富人的家里当用人。富人对她很好,完完全全把她当成了自己的孩子,给她穿上十分漂亮的衣服。

这样一来,英格尔就变得更加神气了,她比原来更加任性了。

一天,富人的妻子对她说:"英格尔,你已经有一年没有回家了吧?你的父母一定很想你。你回家去探望你的父母吧,请你把这块面包带上,我想你的父母见了这块面包,心里一定会很高兴的。"

英格尔说:"感谢您的好意。"随后,她穿上了在她看来最美丽的衣服和最漂亮的鞋子。

英格尔高兴地上路了。不久,她被一片沼泽地上的水坑挡住了去路。为了不让水坑中的脏水把她

漂亮的鞋子弄脏,英格尔毫不犹豫地将大面包扔进水坑,双脚踏了上去。

结果,面包和英格尔一起沉了下去,她不小心陷入了沼泽女妖的酒坊中。

沼泽女妖的酒坊别提有多肮脏了,里面有很多令人感到恶心的癞蛤蟆和毒蛇。它们蜷缩成了一团,不幸的是,英格尔偏偏落到了它们上面。

这时候,英格尔已经被吓得有些发抖了,可她的身体依然在不停地往下沉。

更不幸的是,这天沼泽女妖的酒坊中迎来了一位特殊的客人,这位客人十分邪恶,她便是魔鬼的祖母。

她看到把面包踩在脚底下的英格尔后,对女妖说:"请把她送给我,我要把她变成一尊石像。"

于是,沼泽女妖便把英格尔连同她脚下的面包一起送给了魔鬼的祖母。这样一来,英格尔就不得不来到地狱中了。

那块面包就好像胶水一样把英格尔的脚牢牢地粘住了,她再也不能走路了。"真没有想到,为了不弄脏鞋子,我要付出这样沉重的代价。"此刻,英格尔心中充满了悔恨。

不过,她并没有忘记安慰自己,她看了看自己的衣服,欣慰地说:"我想我现在看起来依旧很美。"

可没过多久,她便感到失望了,她发现原本美丽的衣服已经被泥巴粘住。

不久,英格尔的肚子开始咕咕叫了,她只能忍受饥饿的折磨了,她多想有一块面包吃。可面包被她踩在了脚底下,她只能眼巴巴地看着了。

英格尔变成了一块僵硬的石头,她根本没有办法弯下身来去吃面包。最后她的饥饿的内脏变得活跃起来,它们把英格尔的身体当成了战场,此刻正在激烈地厮杀着,它们中倒下了

一个,又倒下了另一个,英格尔感觉自己的身体就要被无情地掏空了。

就在她感到痛苦时,有一种液体润湿了她的头发,她的脸,她的胸口,就连那块面包也被润湿了。这并不是天在下雨,而是她母亲在流眼泪,只听英格尔的母亲难过地说:"我可怜的孩子,是骄傲毁了你。"

世上的人把英格尔的故事编成了儿歌,四处传唱。一天,儿歌被一个善良的女孩儿听到了,她说:"可怜的英格尔,如果你能回来,我愿意献出我所有的玩具。"

英格尔听到小女孩儿的话感动极了。后来,那个女孩儿长大了,变老了,她来到天堂,对上帝说:"尊敬的上帝,我一生也曾做过许多错事,可您并没有怪我,我多么希望您也能宽恕英格尔。"

英格尔知道这件事后心中懊悔不已。她回忆往事,不禁大哭起来。

这时,一道光洒在英格尔的身上。她化作一只灰色小鸟,飞出地狱,飞回了人间。

此后,英格尔变成的这只灰色小鸟很善良,经常把食物分给其他鸟。

在一个冬天,当她把收集的面包屑送给其他饥饿的小鸟时,她由灰色变成了圣洁的白色。英格尔高兴极了,尽情地在海上翱翔,一直朝着光明的太阳飞去了。

和爸爸、妈妈一起分享

"英格尔实在太残忍了,她怎么能那么对待蝴蝶呢?"小·煜说。

"确实,不过英格尔也为此付出了代价。"我赞同孩子的观点,然后问她,"小·煜喜欢蝴蝶吗?"

"当然,我也喜欢蝴蝶们的翅膀,它们五彩斑斓,装点了花园、洋房。可是我只喜欢远远地观赏'它们,却不会想要把它们占为己有,更别说伤害'它们了。有时候我觉得蝴蝶被做成标本都是很残忍的事情。"小·煜一口气说了好多。

我点点头,亲爱的孩子,你愿意保护动物的想法是非常好的,希望你能一直坚持下去。

南京市李香煜妈妈　李富秋

小朋友,关于这个故事你有什么话要说,写到下面吧!

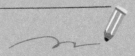

成语接龙

在空格中填上适当的字,完成成语接龙。

有	口	无	心	猿	意		到	成	功
									败
说	古	论		非	昔	比	翼		垂
短							双		成
		无		墨	守		飞		人
长		胸			成		来		之
心		捶			规		横		美
重		足			言		祸		
		顿			矩		不		不
蜚		劳			步		单		足
言		车					行		智
流		舟	成	已	木	就	将		
如									谋
善	从	简	装	轻	言	微	人	在	事

小兔子换胆

在森林里住着一只小兔子,这只小兔子长着红红的眼睛,长长的耳朵,穿着一件白色的皮袄,看起来很可爱。

可这只小兔子却天生胆小,她走路时,从不愿抬起头来,也很少走上前去和小动物们打招呼,就连吃东西时都会小心翼翼的。

当她出现在森林中时,总会受到小动物们的嘲笑,小动物们会说:"瞧,胆小鬼来了。"

因为不愿受到小动物们的嘲笑,这只兔子很少走出家门。

一天,热心的山羊大夫来到了小兔的家。

山羊大夫对小兔说:"兔子妹妹,你到底怎么了?是不是身体不舒服?我已经很久没有见到你在森林中玩耍了,你愿意和我说说这到底是为什么吗?"

兔子回答说:"每当我出现在森林中,小动物们便会嘲笑我。想到这些,我就不敢出门了。"

山羊大夫沉思了一会儿,说:"要是这样,我倒有个办法,或许能够对你有所帮助。"

"那到底是什么办法呢?要是有好的办法,就请您快点儿说出来吧。"兔子说。

"豹子最近病得十分厉害,恐怕再也不会好起来了。可怜的豹子也许这几天就要离开这个世界了。豹子死后,我

愿意为你换上豹子的胆。要是你换上了豹子的胆，或许就不会再胆小了，你愿意试试吗？"

兔子听完山羊大夫的话，立即答应愿意尝试一下。

没过多久，豹子便死去了。山羊大夫急忙捧着豹子的胆来到了小兔子的家。山羊大夫对小兔说："兔子妹妹，现在豹子已经死去了，我们可以开始换胆了！"

"山羊大夫，要是换上了豹子的胆，能让我改变胆小的性格，那我实在迫不及待地想要试一试。"兔子回答说。

山羊大夫说:"好的,就让我来帮你吧。"

于是,山羊大夫立刻给小兔子做了换胆手术。手术后,在山羊大夫的精心照料下,小兔子的身体没过多久便痊愈了。

兔子心想:我已经很久没有去过森林了。山羊大夫给我换上了豹子的胆,我再也不是从前那个胆小如鼠的兔子了。现在,我应该让那些小动物们明白我是一只多么勇敢的兔子,我甚至可以在他们面前耍耍威风了。

想到这些,兔子便走出了门,大摇大摆地向森林走去。

"美丽的森林,我终于回来了。我要让那些小动物们看看我变得有多勇敢,现在老虎恐怕都不如我。"兔子高兴地自言自语。

就在这时,一只小松鼠看到了她。"你好,小兔子,好久不见。"小松鼠微笑着说。

原来是小松鼠呀,也该让你知道我到底有多厉害了,兔子暗暗地想。

小兔子没有回答小松鼠的话,反而冲上前去,摆出一副要和小松鼠打架的姿态。小松鼠十分惊讶,急忙跑开了。兔子看见小松鼠逃跑的样子,得意极了。

兔子心想:"我今天终于把心中的恶气吐出来了。"于是,她高兴地向前走着。走了没多久,兔子看到了正在树下睡觉的大灰狼,心想:"平时你总是在我面前耍威风,还要吃我。今天我倒要好好儿收拾收拾你。"

想到这里,小兔子就使劲窜到了大灰狼的身上。大灰狼正沉浸在睡梦中,兔子的到来把

他吓了一跳。

大灰狼睁开了眼睛,他发现在他身边的不是老虎,而是一只小兔子。

大灰狼开心地说:"天上真是掉馅饼了,就连睡觉都会有美味送上门来,我真是交好运了。"

可怜的小白兔还没有来得及在大灰狼面前耍耍威风,便被大灰狼一口吞进了肚子里。

和爸爸、妈妈一起分享

　　小兔子有了胆子，却没了心眼，敢和小动物叫板没什么大不了，竟然敢在大灰狼面前耍威风。

　　小兔子就是对自己本身没有一个良好的认识，它是一只可爱的小动物，为什么要害怕其他小动物的嘲笑呢，为什么要为此耿耿于怀呢？

　　小兔子如果能够勇敢点，无视其他人的嘲笑，就不会变得那么胆小了吧！

　　换胆之后的小兔子，胆子变大了，却变得更迷失自我了，它忘记了自己只是一只小动物，是不能和大灰狼抗衡的。

　　我也经常教育孩子，做事情要量力而行，不要为了面子而逞强，不要为了虚荣而任性。

　　　　　　　　　　唐山市郑钰勋爸爸　郑忠良

小朋友，关于这个故事你有什么话要说，写到下面吧！

汉字变变变

猜猜下面的字做了改变之后,都能成为什么字?

1. "口"字加一笔念什么?
   _____(至少写出两个)

2. "大"字加一笔念什么?
   _____(至少写出五个)

3. "人"字加一笔念什么?
   _____(至少写出两个)

4. "木"字加一笔念什么?
   _____(至少写出三个)

5. "十"字加一笔念什么?
   _____(至少写出三个)

6. 两个口加在一起都能组成什么字?
   _____(至少写出两个)

答案:1.日,中 2.天,夫,太,犬,夭 3.个,八,九,入 4.未,末,本 5.干,土,士 6.吕,回

老鼠、小鸟和香肠

从前,有一只老鼠、一只小鸟和一根香肠,他们幸福快乐地住在一起。

小鸟每天飞到森林里去,寻找柴火,并且衔着它们飞回来;老鼠负责担水、生火、布置饭桌;香肠用身体在锅里搅一搅。于是一锅美味的饭菜,就这样诞生啦。

一天,小鸟

遇到了另一位朋友,小鸟对他的朋友说:"喂,朋友,我现在和老鼠还有香肠住在一起。我每

天只要衔几根柴火回家,便可以吃到美味的饭菜。我觉得我的生活真是惬意。"

可他的朋友却说:"你简直太傻了,你在外面干活那么辛苦,可老鼠和香肠却可以舒舒服服地待在家里,这样对你太不公平了。"

小鸟听了朋友的话,心里觉得很不高兴。他丢下柴火,回到家,对老鼠和香肠说:"喂,朋友,我觉得我们应该重新分工了。"

老鼠和香肠并不认同重新分工的做法,所以他们开始劝说小鸟。尽管他们一直苦苦劝说,可是小鸟根本听不进去。

老鼠和香肠没办法,只好答应了小鸟的要

求。他们用抽签的方式决定了各自的分工。他们的分工分别是：香肠去背柴，老鼠做饭，小鸟去担水。

第二天，香肠早早出去寻找柴火，在半路上遇到了一条狗。狗看到香肠高兴极了，兴奋地说："哦，天哪，我真是幸运，美味就这样到了我的嘴边。"说着狗一口便将香肠吞进了嘴里。

小鸟和老鼠失去了一位好朋友，心里很难过。

小鸟依然负责担水，老鼠负责做饭。老鼠学

着香肠的样子,跳进锅里在菜汤里搅了一搅。

可还没等老鼠转过身来,老鼠就被热水烫死了。小鸟看不见老鼠,就到处寻找。可是小鸟把每个地方都找遍了,却始终不见老鼠的踪影。

就在这时,灶里的火掉到了柴枝上,柴枝马上燃了起来。望着燃烧的火焰,小鸟心中不免有些着急,他急忙找来木桶,想去井边担水。

可他的手脚却完全不听使唤,匆忙间木桶从小鸟的手中滑落,掉进了井里。小鸟低下头,想把木桶捞出来,可那口井实在太深了,他一不小心掉进了井里,怎么飞也飞不出来,后来他死在了井里。

一群快乐的伙伴就这样在很短时间内,全部消失了。

和爸爸、妈妈一起分享

"妈妈,老鼠、小鸟和香肠为什么会有这种结果呢?"天天问我。

"因为他们更改了各自的分工。原本的分工可以发挥他们的特长,规避他们的缺点,是十分适合他们的工作。可惜后来,他们改换分工后,他们的工作不再适合自己,于是发生了危险。"我回答他。

"哦,原来是这样。妈妈,我觉得我不适合整理床铺,你是不是也能帮我换一下我的分工呢?"天天问。

"好呀,你也可以扫地、拖地、洗碗、擦窗……"我笑着告诉他,"家务劳动种类很多,不可能样样都不适合你吧!哈哈。"

深圳市周天妈妈　曹秀英

小朋友,关于这个故事你有什么话要说,写到下面吧!

_____
_____
_____

 轻松一下 Game

文字加减法

同学们,请你在□中填上适当的字或部首完成下面的等式。

太 + □ = 大   了 + □ = 子

日 + □ = 白   又 - □ = 又

十 + □ = 士   人 + □ = 个

曰 + □ = 由   千 - □ = 十

本 - □ = 木   心 + □ = 必

力 + □ = 加   币 - □ = 巾

小鬼和商人

从前,有一个学生很穷,他没有华丽的衣服穿,没有美味的食物吃,除了几本书外他几乎是一无所有。

贫穷的家境使他不得不住在用来堆破烂的顶楼中。正巧,这栋房子的一楼住着一个商人,他不仅拥有整栋房子,还在房子中开起了杂货铺。

商人过着十分富有的生活,他的妻子长得很美丽。一个小鬼和他们住在一起,因为每到圣诞节商人都会分给小鬼一碗粥,还有一块美味的黄油。

一天晚上,学生从商人那里买了一块奶酪。奶酪被一块纸包着,尽管包着奶酪的纸有些模糊,可学生依然看出了那张纸来自于一本诗集。"先生,你愿意把剩下的书给我吗?"学生问商人。"当然了,不过你要给我三个铜板。"商人回答说。

"那么就请你拿回奶酪,我只要剩下的书。你把这么好的书当成奶酪包装纸,真是可惜。你不会比那个装报纸的陶罐懂得更多!"学生惋惜地说。

这话说得很不礼貌,可是商人却把它当作玩笑,开心地笑起来。但小鬼却很生气,他说:"一个穷学生竟然这样傲慢

无礼。"

夜里，小鬼偷走了商人太太的舌头，因为她是一个非常会说话的人。只要把她的舌头放在任何一件物品上，这件物品便会像人一样说起话来。

小鬼把舌头放在了那个装报纸的陶罐里，陶罐马上就讲起话来，它的话很富有哲理，吸引了很多的物品。小鬼又把舌头放在了咖啡豆上，咖啡豆不光会说话，还会跳舞，它从桌上跳到了凳上，又从凳上跳到了地上，最后滚进了老鼠洞里。小鬼从老鼠洞里把咖啡豆上的舌头掏了出来，把它放进了钱匣子里，钱匣子也高兴地说起话来，它说了许多关于钞票的话，小鬼高兴极了，他说："这些物品的学问真大啊，我敢说，学生并不比物品们懂得更多！"于是，小鬼把舌头还给了商人太太，悄悄地来到了学生的顶楼。屋子里点着蜡烛，小鬼从开着的窗子旁朝内望，他看见学生正在读那本破书。

忽然,书中升起一根透明的玻璃柱,它越升越高,最后变成了一棵树,长出了金叶子,开出了美丽的花。它的每一片叶子都闪动着金子般的光芒,每一朵花都是一张美女的笑脸……

小鬼踮着脚尖,观望了很久,直到学生吹灭了蜡烛,一切都消失了为止。

"这真是一本神奇的书!"小鬼说,"看来物品懂的知识真是不能同学生的相提并论,我多么希望和这个学生住在一起!那样我每天都能看到这样的美景了。可是学生实在是太穷了,要是和他住在一起,恐怕我每天都要饿着肚子了……"于是,小鬼又回到了商人的屋里。

从此,只要顶楼上一有光线,小鬼就会悄悄地爬上去,躲在窗框下,观望屋子里的情景。每一次,小鬼看见的神奇景象都是不一样的,他的心也会随着所见的景象起伏澎湃。

在一个夜晚,整条街都着火了,人们都在忙着抢东西。小鬼赶紧冲进学生的房间,抢出了那本破书。他捧着书,想了很多。

最后,小鬼说:"为了那碗粥,我不能舍弃商人!"于是,小鬼带着破书,又回到了商人那里。

和爸爸、妈妈一起分享

明书读完这个故事,问我:"妈妈,这个故事讲了什么?我没读明白。"

我告诉她:"商人给了小鬼一碗粥、一块黄油,小鬼觉得很美味,于是就很喜欢商人。"

当一个学生和商人在关于是否应该"珍惜书本"发生分歧后,商人已经用一句玩笑结束了事情。但是小鬼竟然当真了,他拿走了商人太太的舌头,了解了陶罐以及其他物品的学问,更让小鬼惊讶的是学生,他发现跟学生在一起能知道很多有趣的事情。后来小鬼对书、诗歌以及那些美好的景象向往极了,他希望能够永远和学生在一起,但为了商人的粥,他最终还是放弃了和学生在一起。"

"小鬼的做法真是太让人气愤了!"明书撅着小嘴说。

"小鬼也有他的难处,也不能饿着肚子啊?明书不也是从不让自己的肚子饿着吗?"

明书听了我的话,害羞地笑了。

我摸摸她的头,真是一个可爱的好孩子!

哈尔滨市李明书妈妈　万杰

小朋友,关于这个故事你有什么话要说,写到下面吧!

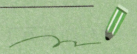

轻松一下 Game

名人名言

巴尔扎克

心灵反映生活,面貌反映心灵。

席勒

心灵开朗的人,面孔也是开朗的。

白尔尼

伟大的心像海洋一样,永远不会封冻。

托尔斯泰

没有单纯、善良和真实,就没有伟大。

王尔德

一个人自己的心灵,还有他的朋友们的感情,这是生活中最有魅力的东西。

黑格尔

一个拥有真正美丽心灵的人总是有所作为的,并且是一个实实在在的人。

海涅

在一切创造物中间没有比人的心灵更美、更好的东西了。

知识链接

下面是使我们激昂奋进的歌曲，请同学们填一下这首歌的名字，并且把缺少的歌词补充完整。

《　　　　　》

起来！不愿做＿＿＿的人们！
把我们的＿＿＿筑成我们新的＿＿＿！
中华＿＿＿到了，最＿＿＿的时候，
每个人被迫着发出最后的＿＿＿。
起来！起来！起来！
我们万众一心，
冒着敌人的＿＿＿，前进！
冒着敌人的＿＿＿，前进！
前进！前进进！

答案：义勇军进行曲；奴隶；血肉；长城；民族；危险；吼声；炮火；炮火。

两个神秘的小鞋匠

有一天早晨,一个贫穷的鞋匠走到工作台前。他准备拿出仅有的、只够做出一双鞋的皮子。他把皮子放在工作台上,出去吃了一点儿早餐,回来后,他惊奇地发现鞋已经做好了。

"这会是谁做的呢?做得可真好!上帝还真是眷顾我!"鞋匠说道。

不一会儿,店里来了一位顾客,顾客看到这双鞋,说:"这鞋子可真漂亮!先生,这双鞋子要多少钱?"

鞋匠说了价钱。尽管鞋匠说的价格很高,顾

客还是毫不犹豫地将鞋子买走了。

"我真幸运,刚一开张就迎来了贵客!"鞋匠开心极了,立刻用赚来的钱买了一块可以做四双鞋的皮子。

晚上,鞋匠依旧把裁好的、可以做四双鞋的皮子放在了工作台上。令他感到意外的是,第二天早晨当他起床的时候,四双鞋子也已经做好了,并且鞋子还是做得那般精致。

"真是怪事!到底是谁一次又一次地帮我呢?"鞋匠心里充满了疑问。

就这样日复一日,他头天晚上裁剪好的皮料,第二天一早就变成了缝制好的鞋子。鞋匠依靠着神秘的"帮助",日子越过越好。

圣诞节前几天的一个晚上,鞋匠对妻子说:"真是奇怪,我真想弄清事情的究竟,看看到底是谁在帮助我们?"

鞋匠的妻子说:"不如点燃一根蜡烛藏在角落里,然后我们躲在一旁观察好了。"

午夜一到，只见两个光着身子的小人儿走了进来，坐在鞋匠的工作台前开始做鞋。他们对着皮子一会儿锥，一会儿缝，一会儿敲敲打打，整整忙了一个晚上。鞋子做好后，他们两个又把东西整理好才急急忙忙地离开了。

"原来是这两个小人一直在帮我们！"鞋匠继续说，"他们没有穿衣服和鞋，这样穿梭在夜里一定很冷，不如我做身衣服，你做双鞋子给他们。"

"真是好主意，他们帮我们发了财，我们要好好儿谢谢他们才是。"鞋匠的妻子说。

第二天，鞋匠和妻子分别为两个小人做了鞋子和衣服。午夜时分，他们把东西放在工作台上，然后又躲了起来。

午夜时分，

两个小人儿蹦蹦跳跳地跑了进来,他们没找到裁剪好的皮料,却发现了两套漂亮的小衣服。他们开心极了,飞快地穿上衣服在工作台上蹦啊、跳啊,最后蹦跳着离开了鞋匠的家。

从此,两个小人儿再没有来过,而鞋匠一家也一直过着富裕的生活。

"两个小人真善良啊,有了他们的帮助,鞋匠一家摆脱了贫穷!"俊博说。

"鞋匠一家也给小人们送了礼物。鞋匠和妻子也是懂得感恩的一家人呀。"我回答说。

可惜俊博好像根本没有听进去我的话,他托着腮,喃喃地说:"有没有会写作业的小人呀,要是有这样的小人帮助我就好了!"

我无奈地敲敲他的小脑袋说:"作业不自己做可不行,快去做功课吧,做完功课我们一起读后面的故事。"

北京市刘俊博妈妈　李雪华

小朋友,关于这个故事你有什么话要说,写到下面吧!

_____

_____

_____

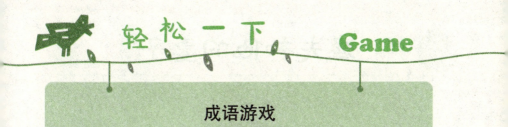

成语游戏

将下面的空格里填上适当的字,看一看它们重新可以组成什么成语。

	以	为	是
	威	作	福
	愁	善	感
	深	意	重

	方	百	计
	穷	水	尽
	众	一	心
	落	石	出

	怒	无	常
	其	不	意
	风	而	逃
	圆	内	方

	如	人	意
	言	逆	耳
	仇	雪	恨
	色	天	香

渔夫和他的妻子

从前有个渔夫,他和妻子住在海边的一所破渔舍里。

一天,渔夫钓上来一条很大的比目鱼。比目鱼说:"我是中了魔法的王子,求求您放了我,我会报答您的。"

善良的渔夫放走了比目鱼。

渔夫的妻子知道这件事后,让渔夫去找比目鱼要一座宫殿。

"这样不好吧,这怎么行呢?"渔夫担心地说道。

但渔夫的妻子却说:"你救了他,他帮我们是理所当然的。"

渔夫只好走到海边对比目鱼说:"我的妻子想要一座宫殿。"

比目鱼答应了渔夫妻子的请求。一座石头建成的、高大壮观的宫殿出现在了渔夫和他妻子的面前。

"我们就好好儿在这里生活吧。"渔夫对妻子说道。

"容我再想想。"渔夫的妻子说。她似乎并没有满足,她还在想着是否能占其他便宜。

过了几天,渔夫的妻子对渔夫说:"我实在是受够了卑贱的身份,你快去找比目鱼,跟他说,我要做国王。"

"现在不是挺好的吗?请你不要提这种过分的要求。"渔夫对妻子说道。

可渔夫的妻子依旧不依不饶地吵着要当国王。尽管渔夫心里十分不情愿,可他还是来到海边,冲着海里喊道:"比目鱼,我的妻子想当国王。"

比目鱼再一次实现了渔夫妻子的愿望。渔夫回家后,看到妻子坐在满是钻石的宝座上,头上戴着金色的王冠,侍女为她端来美味的水果,乐师为她奏出美妙的音乐。

渔夫对妻子说:"瞧,你已经成了国王,过得多好呀。我们就这样生活吧。"可渔夫的妻子仍然说要再想想。

"我如果能当上教皇就好了",渔夫的妻子自言自语。

过了一段时间,贪婪的妻子又对渔夫说:"我想当教皇。"

"在基督教的世界里,教皇只有一个,怎么可能变成你?"渔夫说。

渔夫终究不敢违抗妻子的命令,只好又一次

来到了海边,他战战兢兢地喊道:"比目鱼,我的妻子想要当教皇。"

比目鱼第三次满足了渔夫妻子的愿望。"你已经当上教皇了,现在你该满足了吧?"渔夫问妻子。

可当上了教皇的妻子越来越贪婪了,她甚至想成为太阳和月亮的主人。于是,她又一次逼着渔夫再去找比目鱼。

当比目鱼听到渔夫说他的妻子想要成为太阳和月亮的主人时,生气地游回了大海。

就在比目鱼游回海里的一瞬间,突然狂风大作,暴雨倾盆,海水冲上了海岸,渔夫被大浪拍昏了过去。

等到渔夫醒来的时候,他发现宫殿没有了,侍女和乐师也没有了。他和妻子又重新住回了那个破渔舍里。

或许至今渔夫仍和他的妻子住在那个破渔舍里,没有离开过。

和爸爸、妈妈一起分享

渔夫和他的妻子失去一切，都是因为他的妻子太过贪婪了。比目鱼不会永无止境地满足渔夫妻子的一切愿望，所以渔夫妻子最后失去一切的结果是可以预见的。

由于贪婪而失去在意的东西，这种情况并不只发生在故事中，现实生活中这种情况也很常见。

所以，我经常告诉孩子，你可以期待你想拥有的事物，并且为之努力，但是却不能贪婪、不择手段地强取豪夺。

贪婪会蒙蔽人的双眼，让人做出可怕的事情。

威海市聂百硕爸爸　聂士远

小朋友，关于这个故事你有什么话要说，写到下面吧！

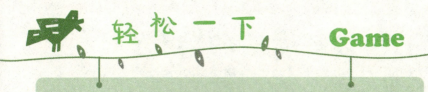

轻松一下 Game

你不知道的鲑鱼

我们读了《渔夫和他的妻子》这个故事,看到故事中的比目鱼知恩图报,这使我想起了另一种鱼——鲑鱼。

也有人说称呼它三文鱼,让人们记住它的,除了做成寿司很好吃,还有一点,就是它逆流而上的精神。

无论它们年轻时在哪里拼搏奋斗,在哪里谈恋爱,在哪里结婚生子。到了晚年,它们都会义无反顾地回到自己出生的地方。

据说它们回家的路特别坎坷。遇到瀑布、激流,它们就会被强大的水流冲走,不知会漂到哪里;遇上灰熊,它们很有可能会被一口吞掉……

但无论如何,只要鲑鱼还活着,它们都会坚持到底,直到耗尽自己最后的力气。

破解魔法的"钥匙"

很久以前,在威金人的木屋上住着鹳鸟一家。在木屋附近,有一片带着魔力的沼泽地,无论谁在上面经过,都会沉到沼泽王那里去。

一天,鹳鸟爸爸像往常一样来到了沼泽地。他看到埃及国王的三个公主穿着美丽的羽翼飞来。其中最小的公主刚刚飞到水边去摘花,她的羽翼就被姐姐们撕了个粉碎。

没了羽翼的公主究竟会去往何处呢?可怜的公主,我想你一定是掉到沼泽王那里了。

此后,鹳鸟爸爸依旧每天都来沼泽地。

一天,鹳鸟爸爸发现沼泽地中,公主下沉的地方开出了花。瞧,那花蕾中似乎有什么东西。

鹳鸟爸爸走近一看,发现花蕾中躺着一个可爱的小女孩儿。鹳鸟心想:"威金人的妻子没有孩子,要是我把这个孩子送给她,她一定高兴极了。"

就这样,那个孩子成了威金人的女儿。

威金人的妻子把这个孩子当成了心肝,对她宠爱有加。一天夜里,当她想看一看孩子的时候,却发现一只丑陋的青蛙此刻正安静地躺在床上。

"真不知道这只青蛙究竟是从哪里来的,我的心肝去了哪里?"她的心中充满了疑问。

天亮后,太阳照进屋子,青蛙又变回了美丽

的姑娘。一连几天她看到的都是这样的情景。

"竟然有这样的事,我真不敢相信自己的眼睛。天啊,难道我是在做梦?怎么可能,我明明是清醒的,那一定就是这个可怜的姑娘中了什么魔法。我竟帮不了她。"就这样,威金人的妻子对于小女孩变成了青蛙这件事既感到奇怪,又十分无奈和难过。

"我亲爱的妻子,冬天就要到了,我们得飞去埃及了,至少那里还温暖如春,至于那两个恶毒的公主嘛,我们要好好儿惩罚她们一下才行。"鹳鸟爸爸望着鹳鸟妈妈说。

于是他们偷走了那两个恶毒公主的羽翼。

小女孩一天天地长大,威金人为她取了个好听的名字,叫赫尔珈。

她的养父,也就是那位威金人是一个海盗。这一年他从海上带回了一名神捕,准备处死。

"神捕,你真可怜,我要怎样才能救你呢?"赫尔珈问。

"那就割断捆着我身体的绳索吧。"神捕说。于是赫尔珈割断了捆着神捕的绳索和神捕一起逃走了。

天黑了,赫尔珈又变成了丑陋的青蛙。神捕看得出她中了魔法,便唱起了赞美诗,想要挽救这个可怜的姑娘。可赞美诗根本无法解开她身上的魔法。

黄昏时,他们遇到了强盗,神捕被杀了,赫尔珈变成青蛙跑掉了。

强盗走后,赫尔珈为神捕祈祷:"神圣的灵

魂,就请你安息吧,就请你到天国去吧。"她一边说,一边找了一些树枝将神捕掩埋。

就在这时奇迹发生了,她由青蛙变成了一个美丽的少女,她的性情也变得温和了许多。

她高兴地睡着了,醒来时,听到一个声音在说:"快去沼泽地吧,看看给你生命的人,看看给你生命的摇篮吧。"这时她发现说话的人正是神捕。

她飞快地去了沼泽地,看到水中站立着一个和她相貌相似的人,"她会是谁呢,这可能就是给我生命的妈妈。"赫尔珈说。

这时水中的人说话了:"亲爱的孩子,快过来,我就是你的妈妈。"她们紧紧相拥。

这时鹳鸟飞来了。"亲爱的妈妈,你看那是

什么？"赫尔珈指着天空问。

"孩子，那是鹳鸟，他一定是给我们送礼物来了，真不知道他会送给我们什么？"

不一会儿鹳鸟爸爸落了地，拿出两件漂亮的羽翼。赫尔珈和她的母亲穿上羽翼，很快就飞回了埃及，与国王团聚，从此过着幸福的生活。

和爸爸、妈妈一起分享

　　我是朱心怡的爸爸,我很荣幸能有这个机会和全国的小朋友一起阅读这个故事。在我们那代人中,没有你们这么好的机会,也没有这个方便的条件,更没有这么多好的书籍。

　　心怡很喜欢读故事,我也就随着一起读。有时候她也会读给我听。

　　我最想说的一句话就是:无论什么时候读书都不是坏事,它只能给你带来很多好处。

　　你们现在能有这么好的机会,这么好的生活,是我们羡慕的,也是你们应该珍惜的。

上海市朱心怡爸爸　朱更海

小朋友,关于这个故事你有什么话要说,写到下面吧!

轻松一下　**Game**

慈悲的冬天

冬，意味着什么？

有时候，我讨厌它。

冬天，我要丢掉亲爱的可乐和冰激凌。还有，冬天穿漂亮的裙子腿会被冻坏。还有，围巾口罩什么的会把我层层裹住，很不舒服。

有时候，我又会喜欢它。

冬天，我同雪花亲昵，知道一种最美的花，总是开在最严寒的时刻。

而且，我也发觉，最落寞的等待之后，也总萌芽着最动人的梦想。

冬，严厉的外表，原来藏着何等慈悲的内心。

少年小作家　王安忆佳

鹳鸟

很久以前，一对鹳鸟夫妇把巢筑在了一栋房子的屋顶上。

鹳鸟夫妇有四个可爱的孩子，这些孩子很小，还不能出去觅食。于是，寻找食物的重任就落到了鹳鸟爸爸的肩上。

鹳鸟爸爸一会儿飞到这里，一会儿又飞到那里，只为能找到一点儿吃的。

鹳鸟妈妈在巢中默默地陪伴着她的孩子们，他们静静地等待着鹳鸟爸爸的归来。

终于，鹳鸟爸爸回来了，他的嘴里衔着几

条美味的小鱼儿。小鹳鸟们看到爸爸嘴里的食物,急忙张开了嘴,鹳鸟妈妈一口一口地把食物喂给她的孩子们。

为了不让鹳鸟妈妈和她的孩子们遭遇危险,鹳鸟爸爸每天都要站在屋顶上默默地守卫着。

现在那些小鹳鸟们还不能像他们的爸爸那样站在屋顶上,也不会飞。这可把鹳鸟妈妈忙坏了,孩子们叽叽喳喳地叫着,鹳鸟妈妈为了安抚他们,只好讲起了动人的故事。

你听,鹳鸟妈妈在说……

从鹳鸟们的屋子,也就是民居的屋顶往下看,就会看到一群孩子正在街上玩耍,这群孩子特别顽皮,每当看到鹳鸟们

的身影时,便会嘲笑他们。

　　只有一个好心的孩子说:"请不要嘲笑他们,上帝会惩罚你们的。"

　　"亲爱的妈妈,您听到那些孩子说的话了吗?他们竟然嘲笑我们。"其中的一只小鹳鸟说。

　　"你们只要当作什么都没有听到就好了,那样就不会有什么事儿烦扰我们了。"鹳鸟妈妈说。

　　可没过多久,那些顽皮的孩子又开始嘲笑小鹳鸟了。

　　"亲爱的妈妈,我心里害怕,他们说的话会是真的吗?"一个小鹳鸟说。

　　"怎么会呢?你们看,你们的爸爸在屋顶上站得多稳,将来你们也会做到这些的。你们甚至还要飞到天空中去,这些本事恐怕是那些嘲笑你们的孩子,永远也做不到的。现在你们要做的事情,只有一件,那就是要听妈妈的话。"

　　日子一天天过去,小鹳鸟们已经长大了不

少,现在他们可以跌跌撞撞地在房顶上站立了。

鹳鸟妈妈说:"亲爱的孩子们,我多么希望你们能快点儿长大,再过一阵子,我就要教你们飞翔了。只有学会了飞,你们才能看到更广阔的世界,才能在冬天到来之前,飞到温暖的埃及,那里的景色别提有多美了。"

终于,小鹳鸟们迎来了学习飞翔的日子,鹳鸟妈妈教导着孩子们:"听着,孩子们,你们要这样做:翘起头,身体与天空保持水平,两脚分开,保持一定距离,然后扑扇翅膀。"

这听起来似乎并不难,一只小鹳鸟心想。于是,他大胆地尝试着。或许是因为这只小鹳鸟的身体有些沉重,他在飞的时候摔了个跟

头，落到了屋顶上。

"我再也不想飞了，对于温暖的埃及我一点儿也不感兴趣。"飞行失败的小鹳鸟说。

"哦，天哪，我的孩子，你不应该这样想，难道你想被冻死在这里吗？难道你想让那些孩子们的话变成现实吗？要是你还想活下去就快点儿振作起来！我们鹳鸟家族绝不需要一个懦夫！"鹳鸟妈妈说。

"亲爱的妈妈，看来我真的错了。"飞行失败的鹳鸟说。

很快，那只飞行失败的小鹳鸟便再一次尝试着飞翔。这次，他依旧摔了个跟头，落到屋顶上。不过他似乎并不在意，他尝试了一次又一次，不知过了多久，终于飞起来了。

"孩子们，你们飞行得怎么样了？是时候飞给我看看了！你们看到屋顶上那根挺立的烟囱了吗？现在你们就绕着它飞一圈好了。我期待着你们精彩的表演。"鹳鸟妈妈说。

就在这时,那群顽皮的孩子又在嘲笑小鹳鸟们了。小鹳鸟们说:"真想给他们一些教训。"

"孩子们,你们不应该那样想,现在有更重要的事情等着我们去做,就请你们快点儿飞给我看吧。"鹳鸟妈妈说。

很快,那些小鹳鸟们便飞了起来。

"瞧,你们飞得多好!再过不久,我们就要出发了。孩子们,你们准备好了吗?"鹳鸟妈妈说。

过了不久,天气变得越来越冷了,所有的鹳鸟们都开始会合了,他们即将飞向温暖的埃及。

不过那些小鹳鸟们并不甘心就这样离开,他们对妈妈说:"亲爱的妈妈,就让我们去教训一下那些坏孩子们吧。"

"可你们想好怎么做了吗?要是你们没有想好,我倒有一个主意:我曾经在天堂见到过所有婴孩睡觉的地方,沉睡的婴孩就是还没有降生到人世间的孩子。虽然他们的父母都在期盼着他们的到来,但是谁知道他们什么时候醒来呢？我们去叫醒那个善良男孩儿的弟弟吧，让他的弟弟早点儿来到人间。对于那些顽皮的孩子，我们一个都不管，你们觉得怎么样？"

小鹳鸟们齐声叫好。

听完妈妈的话，鹳鸟兄弟们便飞到那个睡满婴孩的地方。他们清脆的叫声，唤醒了一个可爱的男孩，他就是那个好心的小男孩儿的弟弟。

做完这一切，小鹳鸟们便唱着歌，开心地飞向了温暖的埃及。

和爸爸、妈妈一起分享

　　小鹳鸟们的做法真不错！在坏孩子嘲笑他们的时候，他们没有浪费时间怨恨坏孩子们，而是不断地磨炼自己的飞行技巧，不断强大自己，不断积累经验。

　　终于一切都学会后，他们有了空闲的时间，他们想到要报答曾经帮助过他们的那个好心的小男孩。

　　小鹳鸟们就是这么善良，对于那些伤害过他们的坏孩子，他也没有想要报复他们。

　　这种善良、真诚、勤劳、努力的精神真是值得我们每一个人学习，无论大人还是孩子，都应该有小鹳鸟们的精神。

　　　　　　　　天津市任赫妈妈　　张立坤

小朋友，关于这个故事你有什么话要说，写到下面吧！

_____

_____

_____

轻松一下 Game

汉字笑谈

日对旧说：挡个帘，我就不认识你了？

兔对兔说：差一点，狼就没吃我！

熊对能说：穷成这样啦，四个熊掌全卖了？

休对体说：就一个单杠，还拿不下来了？

乖对乖说：哥们，踩上地雷了，两腿咋没了呢？

李对季说：就咱俩，把帽子拿下来吧，别装了。

臣对巨说：一样的面积，我可是三室两厅。

必对心说：你能不能长点记性，走心。

奏对揍说：长个手，不是让你打人的！

文学作品介绍

在我们的身边有很多书,传达着前人的智慧和高尚的情操,书是我们的良师益友,是我们心灵的天堂。下面介绍两本优秀的书,供大家参考。

《鲁滨逊漂流记》,作者英国丹尼尔·笛福。主要讲述了主人公在一次航行中遇难,被迫漂流到无人小岛,并且在岛上坚强地独自生活的故事,歌颂了资产阶级自强不息的创业精神。

《钢铁是怎样炼成的》,作者,(前苏联)奥斯特洛夫斯基。本书是一本自传体小说,描写了俄国十月革命以后,苏维埃青年在布尔什维克的带领下,同国内外各种势力和困难进行顽强斗争的故事。歌颂了保尔钢铁般的意志,保尔身上的这种精神是值得我们学习的。

白新娘和黑新娘

从前,在一个村庄里,住着一个恶毒的妇人和她的两个女儿。这个恶毒的妇人性格刁钻、古怪,还会一些巫术。她的两个女儿中,有一个是养女,她性格温柔、善良;而另一个是妇人的亲生女儿,她性格贪婪、自私。

一天,恶毒的妇人带着她的女儿和养女去田里割草,正巧遇到了乔装变成穷人的上帝前来问路。

恶毒的妇人说:"你没看到我正在忙吗?你还是到别处去问吧。"

她的女儿说:"难道你就不会问问其他人吗?"

只有善良的养女说:"我愿意为您带路,要是您相信我,就请和我一起走吧。"

途中,上帝对善良的养女说:"您是多么善良的一个人啊,我愿意帮你实现三个愿望。"

善良的养女说:"那就拜托你把我变得像花儿一样美丽吧。"瞬间,养女变得像花儿一样美丽,拥有白皙的皮肤、粉嫩的脸庞、娇艳的嘴唇,真是漂亮极了。

"我还希望拥有一个永远装满金币的钱包。"善良的养女说。

上帝很快便把一个钱包给了她。

最后,养女说:"我多么希望在我死后灵魂能够飞到天国。"

上帝说:"善良的人,天国一定会欢迎你的。"说完,上帝便在养女面前消失了。

对于恶毒的妇人和她的女儿,上帝把她们

变得像煤炭一样黑。

"哦,天哪,我的孩子,到底发生了什么?你的脸竟然变得和煤炭一样黑。"妇人惊呼道。

"亲爱的妈妈,您也一样。真是奇怪,到底发生了什么事?"妇人的女儿说。

就在这时,她们看到养女竟然又白又美丽,嫉妒的火焰不禁在她们心中熊熊燃烧起来。

养女有个哥哥,名叫雷吉纳,他是国王的车夫。

一天,养女像往常一样去看望他的哥哥雷吉纳,雷吉纳一见到自己的妹妹便惊呆了,他惊奇地说:"亲爱的妹妹,真没有想到,你变得这样美丽,要是不把你的样貌画下来,那简直太可惜了。"

"这样也好,不过我并不希望我的画像被别人看到。"养女对哥哥说。

"我想我会注意的。"说着,雷吉纳便把养女美丽的样子画了下来。

此后的每一天,雷吉纳的眼睛都会在画像上停留很久,不愿离开。王宫里的侍从们注意到了这一切,便把此事报告给了国王。

国王得知后,很好奇,他很想去看一看那幅画。

不久,国王便见到了那幅画,当他发现画中的女孩和自己死去的妻子长得一模一样时,吃惊不已,便对雷吉纳说:"这画中的女孩简直太美了,我很想见到她,你快去把她请来。"

雷吉纳把事情告诉了养女,养女听完很高兴。那个黑女孩,也就是恶毒妇人的女儿,也听到了雷吉纳的话,她对母亲说:"亲爱的妈妈,我多么希望那个走进王宫的人是我,而不是她,您有什么好的办法吗?"

恶毒的妇人说:"亲爱的女儿,不要着急,我想我很快就会帮你实现愿望。"

晚上,雷吉纳驾车来到妇人家接妹妹,养女穿上华丽的礼服,真是高贵极了。而此时那个恶毒的妇人也带着自己的黑女儿一同上了车。路上,恶毒的妇人分别给雷吉纳和养女施了妖术,这样一来雷吉纳的眼睛几乎盲了,而养女的耳朵也差点聋了。

在去王宫的路上,雷吉纳对自己的妹妹说:"亲爱的妹妹,就让风雨远离你吧,国王喜欢美丽的你。"

养女问:"哥哥,您到底在说什么?"

恶毒的妇人对她说:"你的哥哥让你把漂亮的金衣服脱下来给妹妹穿。"

于是,养女便脱下了那美丽的金衣服,给丑陋的妹妹穿上了。过了一会儿,雷吉纳又说:"亲爱的妹妹,就让寒冷远离你吧,国王喜欢美丽的你。"

养女再次问道:"我的哥哥,你又说什么?"

"你的哥哥让你把漂亮的帽子给妹妹戴。"恶毒的妇人说。

于是,养女又把帽子摘了下来。过了不久,

雷吉纳再一次说:"亲爱的妹妹,就让苦难远离你吧,国王喜欢美丽的你。"

养女问:"我的哥哥,你这次说了什么?"

"你的哥哥让你看看外面美丽的风景。"恶毒的妇人说。

养女刚刚探出头去,恶毒的妇人便把她推到了河里。雷吉纳依旧驾着马车,他并不知道自己的妹妹已经掉到了河里,恶毒的妇人和她的黑女儿就这样被雷吉纳接到了王宫。

"尊敬的国王,您看这就是我的妹妹,那画像中的女孩。"雷吉纳恭敬地说。

可国王却十分生气地说:"可恶的雷吉纳,你竟敢欺骗我,给我带来一个这样丑陋的姑娘,看来我必须要

惩罚你了。"

于是,雷吉纳被国王关了起来。为了让自己的黑女儿留在宫中,恶毒的妇人再次动起了歪脑筋。她给国王施了妖术,使国王的眼睛变得模糊了。恶毒的妇人让国王相信了那个丑陋的姑娘是他喜欢的人,并答应娶她为妻。

一天晚上,就在黑姑娘和国王说话的时候,一只白鸭偷偷地溜进了厨房,她对厨师说:"我好冷,请让我在这里暖暖身子吧。"厨师很惊讶,一只鸭子竟然会说话,不过他什么也没说,把鸭子请进了厨房。

过了一会儿,鸭子又说:"我是国王想要邀请进宫的女孩,雷吉纳是我的哥哥,请问他现在还好吗?那

个黑姑娘又在做些什么？"

一连几天，鸭子都会来到厨房中，对厨师说着相同的话，厨师把这一切报告给了国王。

国王决定去看一看。这天晚上，国王和厨师一起来到了厨房。果然，那只白鸭子又一次出现了，国王拿出刀，一下子便把鸭子的脖子砍断了，不过鸭子并没有死去，养女身上的魔法解除了，变成了一位美丽的少女。而此时，国王的眼睛也明亮起来，他终于看见了这位和画像中的一模一样的女孩。

养女把自己不幸的遭遇一一告诉了国王。

国王听完养女的话，气愤地说："天哪，我真是没有想到会发生这样的事！"

国王释放了养女的哥哥，然后他来到恶毒妇人面前，把养女的故事讲给她听，然后问她："故事中的老巫婆到底该受到怎样的惩罚？"

此时，恶毒的妇人并未察觉是怎么回事。她对国王说："应该脱下她的衣服，把她关在一个满是钉子的桶里,让马拉着她到处跑。"

"你说得太对了,感谢你想出了这样一个好办法。"国王说。

不久,国王便按照恶毒妇人说的办法狠狠地惩罚了她和她的黑女儿。

后来,国王和温柔善良、洁白美丽的养女举行了隆重的婚礼,他们幸福地生活在一起。而养女的哥哥也过上了快乐、富足的生活。

和爸爸、妈妈一起分享

"妈妈,为什么美丽的姑娘掉进水里后,就变成了白鸭子?"文文问我。

"因为恶毒的妇人在她身上施展了妖术,把她变成了鸭子。"我回答。

"太吓人了,妈妈,世界上真的有妖术吗?"文文继续问我。

"生活中会遇到很多奇妙的现象,很多都可以用科学的方法解释出来。但有一些目前科学还无法解释的现象,就被一些人认为是妖术。世界上是没有妖术的。"我告诉她。

"嗯,妈妈你说得对。那些现在不能解释的现象,也许以后就能解释了呀,怎么可以说是妖术呢?"文文说。

"这就是你对妖术的看法。以后你要多思考,这样就可以针对不同的事情,发表你自己的观点了。"我鼓励她说。

青岛市郑舒文妈妈　李晴晴

小朋友,关于这个故事你有什么话要说,写到下面吧!

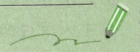

轻松一下 Game

乌·居

位于中国浙江的乌镇，一直是江南传统文化的代表，最有特色的，还属当地白墙黑瓦的民居，映着清清的溪塘，总让人觉得十分清雅。

和傣家民居一样，乌镇的民居也是傍水而居。瓦房在离溪流很近的"石崖"上，说是"崖"，其实也并非"崖"，它不陡。"石崖"下面就是溪流。天好时，溪流清澈得能够映出白墙和黑瓦的颜色。溪流上，时不时也会有船夫慢悠悠地撑着乌篷船，荡漾在艳阳下。

乌镇的民居也不光是白墙黑瓦，里面的院子也颇像北京四合院呢！在靠着溪流的那面墙后面，是一个四四方方的院子，由大大小小的屋子合围而成，代表"福气永不出户"的意思。

大多乌镇民居都有两层，楼顶比楼下要窄小，一般放置晒好的鱼干等准备出售的水产品。楼下才是住人的地方，但如果你认为楼下是主人居住的地方，你可就错了：善良大方的乌镇人总把最宽敞的环境、最好的房子让给客人，自己却住在一旁的小房子里。

　　这就是乌镇极富特色的民居。你会发现，黄昏时候，黑色的瓦片上映着余晖，在溪流上闪亮……

　　　　　　　少年小作家　王安忆佳

都是鞋子惹的祸

有一个叫海伦的小女孩儿,她非常漂亮、可爱。她从小和妈妈相依为命,她们很贫穷,穷得甚至连一双鞋子都买不起。

没过多久,海伦的妈妈去世了。海伦变得孤苦伶仃、无依无靠,这时她遇见了一位善良的老奶奶。老奶奶得知了海伦的遭遇,对她充满了怜爱,并把她带回了自己的家,精心照顾她。

老奶奶给她买了很多新衣服和新鞋子,海伦在老奶奶家生活得很快乐。她每天专心读书、写字,还会帮助老奶奶做家务。

一天,皇后和自己的小公主外出游玩,很多臣民都来看热闹,海伦也在其中。海伦突然被公主脚上的红舞鞋吸引住了,海伦想:"如果我能有一双像公主一样漂亮的红舞鞋就好了。"

海伦渐渐长大了。老奶奶对海伦说:"孩子,你已经长大了,应该去教堂祷告了。我现在领你去买一双到教堂祷告时穿的鞋子。"

老奶奶带着海伦来到了鞋店,老奶奶对海伦说:"孩子,我年纪大了,眼睛不好,视力越来越模糊了,不能帮你挑选鞋子了,去教堂祷告要穿黑鞋子,你自己挑选一双吧。"

"这里的鞋子简直太多了!"海伦在心中默默感叹。

不一会儿,她的眼睛被一双红舞鞋深深吸引了。这双红色的舞鞋和那个公主的一模一样。

鞋店的老板对海伦说:"美丽的女孩儿,这双鞋子完全是依照一位伯爵小姐的要求做的,然而她穿起来却不合适。要是你真心喜欢这双鞋,就试一试吧。"

海伦试穿了鞋子,兴奋地说:"天哪,我真是太幸运了,这双鞋子我穿着正合适。"

老奶奶见海伦非常开心,便给海伦买下了这双鞋子。不过,老奶奶并不知道这双鞋子是红色的,因为她的眼睛几乎盲了,已经分辨不出鞋子的颜色了。

第二天,海伦便穿着这双红舞鞋去了教堂。不一会儿,就引起了人们的注意。

"哦,她怎么能这样,竟然穿着一双红舞鞋来到教堂祷告。"教堂里的人们纷纷议论。

后来,老奶奶得知此事,她生气地对海伦说:"孩子,要是上帝知道了你穿着红色的鞋子去祷告,恐怕你就要受到惩罚了,以后你不要再穿着红舞鞋去教堂了。"

可是,第二次去教堂时,海伦依旧穿了那双红舞鞋,因为她简直太喜欢这双鞋子了。在教堂门口,守卫的老兵看到海伦的红舞鞋,对她说:"这是多么美丽的舞鞋啊!"

海伦经不起赞美,跳起了舞,可是舞鞋似乎控制住了她的脚,海伦不受控制地跳了起来,直到大家脱下她的鞋子她才安静下来。

鞋子被放在了家里的鞋柜里,但小女孩儿每天都要去看看它。

一天,老奶奶病倒了,海伦本应该照料老奶奶,可是当她听说城里要举办一场盛大的舞会时,便扔下生病的老奶奶,

穿着漂亮的红舞鞋参加舞会去了。

海伦在舞会上跳啊、跳啊,不一会儿,她的脚又开始不受控制起来。她跟随着红舞鞋一起跳到了城外的森林里。

海伦就这样一直跳。在一天早晨,她终于跳回了老奶奶的家,而老奶奶已经死了。

这时的海伦才醒悟过来,她痛哭着说:"上帝啊,我到底做了什么?我简直太糊涂了!老奶奶对我那么好,可我却在她最需要照顾的时候抛下了她!我真是不应该那样做!"

为了减轻罪过,求得上帝的宽恕,海伦找到了刽子手。

"拜托您帮帮我吧,请把我的双脚砍下来,除此之外,我想不到任何办法能让我的脚停下来!"海伦对刽子手说。

刽子手得知了事情的经过,在小女孩儿的恳求下,砍断了海伦的双脚,海伦终于停止了跳舞。好心的刽子手为女孩儿做了一双木脚,还给了她一根可以支撑身体的拐杖。

随后,海伦来到教堂默默地忏悔。为了求得上帝的原谅,海伦几乎要把眼泪流干了。

离开教堂后,她来到了一个牧师的家,请求在他家当用人。她说她不要一个金币,只希望能够早一点儿得到上帝的饶恕。

白天,她用心做事,到了夜晚,牧师在宣读《圣经》时,她便在一旁静静地听。

一天,牧师带着家人去教堂做礼拜,海伦没有脚,走起路来非常不便,就留在牧师家中默念圣诗。

海伦的诚心忏悔,终于得到了上帝的原谅。上帝宽恕了她的罪过,并把她带到了天堂。

和爸爸、妈妈一起分享

　　海伦做错事，但是她真心悔过，最后得到了上帝的宽恕。做错事情不可怕，可怕的是认识不到自己的错误，依然执迷不悟地错下去。

　　古代人讲究"一日三省"，说的是每天要有三次自省的时间，反省自己做得不好的事情，说得不好听的话等。

　　现在，我们虽然不用"一日三省"那么夸张，但也要适当地反省自己是否做错了事情，自己说过的话是否伤害了别人。

　　出现问题时，我们应该客观分析问题，从自身找原因，而不是把错误都推卸到别人身上。

　　我也常常对儿子这样说："勇于承担错误，才是真正的男子汉，而做错了事情，只会一味逃避的人，则是胆小鬼。"

重庆市王浚西爸爸　王朝龙

小朋友，关于这个故事你有什么话要说，写到下面吧！

轻松一下 Game

填成语

根据语言描述猜词语,将猜到的成语填到括号内。

1. 楚国有个人过江时把随身带的宝剑掉到了水里,于是他在船帮上剑落水的地方刻上了记号,等船靠岸后,便从刻记号的地方下水找剑,结果自然什么都没找到。(   )

2. 古时候有个人请朋友到家吃饭,挂在墙上的弓映在酒杯里,朋友以为酒杯里有蛇,回家因疑心自己喝下了蛇,便生病了。(   )

3. 齐桓公应燕国的要求,出兵攻打燕国的山贼,结果迷路了。后来他按照管仲的主意,放出老马,部队便跟随老马找到了出路。(   )

答案:1.刻舟求剑 2.杯弓蛇影 3.老马识途

牧猪人

从前,在一个很小、很贫穷的国家里,住着一位王子。王子年纪不小了,可是仍未娶妻。

一天,一位大臣对王子说:"尊敬的王子,难道您就没有考虑过您的婚事吗?您父亲在您这个年纪都已经结婚了。"

"感谢您的好意,我已经想到了一个人,她完全有资格成为我的妻子。"王子回答。

"太好了,那个人到底是谁呢,您愿意说出来吗?"大臣高兴地问。

"她是一位长得很美丽的邻国公主。"王子

回答。

"尊敬的王子,我想她的确非常适合成为您的妻子,那么您打算送给她什么礼物呢?"大臣问。

"我父亲坟墓上那朵盛开的玫瑰花,还有那只会唱歌的夜莺便是我能送给她的最贵重的礼物了。"王子回答。

没过多久,王子便带着那朵可以使人忘记烦恼的玫瑰花和一只会唱歌的夜莺来到了邻国。他把这两样礼物装进了一个银盒子里,打算鼓足勇气,向美丽的公主求婚。

王子礼貌地对宫殿门前的侍卫说:"您好,我今天是特意前来向公主求婚的,请问我可以进去吗?"

侍卫说:"拜托您等一下,我要向国王通报一声。"

"尊敬的国王,门外的那个人想要向公主求婚。"侍卫对国王说道。

"他会是谁呢？先让他进来吧，我倒要看看他到底是怎样的一个人。"国王说。

"现在你可以进来了。"侍卫说。

于是，王子随着侍卫来到了大殿上。

这时候，公主正在大殿上和她的侍女玩耍，国王则坐在一旁的椅子上静静地休息。

王子毕恭毕敬地对国王说："尊敬的国王陛下，我是邻国的王子，今天是来向公主求婚的。请看，这是我给您和公主带来的礼物。"

"你到底带了什么礼物？我很好奇，打开看看吧。"国王看着王子手中的盒子问。

"亲爱的父亲，我多么希望那盒子里面是一只猫！"公主也凑到盒子前面，满心期待着盒子被打开的那一刻。

然而，盒子打开了，里面不是公主想要的猫，而是一朵娇艳欲滴的玫瑰花。

"哎，这样的礼物我见得多了。"公主失望地说。

"亲爱的女儿,别难过,让我们看看另一个盒子里面到底装了什么东西吧。"国王对公主说。

另一个盒子被缓缓打开了,一只小鸟飞了出来。

王子说:"这是一只会唱歌的夜莺,它能够唱出所有动听的歌曲。"

此时国王的一位大臣说:"看到这只鸟,我便想起了过世王后的那个八音盒。"

"真是一件令人难过的东西。"国王伤心

说。

看来王子今天并不走运,不过他不放弃,他对公主说:"美丽的公主,就请让我和您说说话吧。"可公主并没有搭理王子,默默地走开了。

多情的王子为了能够和公主在一起,他把自己的脸涂黑,留在王宫里做了一个牧猪人。

"我到底要怎样做,才能吸引公主的目光呢?"王子心想。

他思索了很久,终于想出了一个主意。

"尽管我现在只是一个一无所有的牧猪人,可我非常喜欢做一些奇怪的东西,或许我可以利用我做的东西把公主吸引过来。"王子开心地说。

于是,王子精心制作了一口小锅。他在锅里倒满了水,就在水即将烧开的时候,锅边的铃铛奏出了十分美妙的音乐。音乐似乎在唱着:"我的爱人呀,请快快来到我的身边!请快快来到我的身边!"

这时候公主正和她的侍女在外面散步。"快去看看,这音乐是从哪里传出来的?"公主命令道。

侍女听到公主的话,便到处寻找了起来。

过了一会儿,侍女回禀公主说:"尊敬的公主,恐怕要令您失望了。这音乐声来自猪圈。猪圈旁有一口锅,音乐是锅边的铃铛发出来的。"

"这到底是怎样的一个东西?我很想去看看!"想到这里,公主便朝着猪圈的方向走去。

"真是一口神奇的锅,我多么希望这口锅能属于我!快去问问那个牧猪人愿不愿意把锅卖给我?"公

主急切地说。

"请问你愿意把这口锅卖给公主吗?"公主的侍女问。

"我非常愿意把锅卖给公主,不过公主必须要给我十个吻,要是她做不到就请到别处去吧!"牧猪人说。

"他的想法简直太荒谬了!我该怎样对公主说呢?"侍女带着一丝无奈回到了公主身边。

"他到底说了什么?"公主问。

"他说,他愿意把锅卖给您,不过他不要一枚金币,他想要公主您给他十个吻。"侍女支支吾吾地回答。

"哦,天哪,那个人一定是疯了!"公主生气地说。

就在公主想要离开的时候,美妙的音乐声再次响起。音乐似乎在唱着:"我的爱人呀,请快快来到我的身边!请快快来到我的身边!"

"我多么希望得到那口锅呀!那口锅简直

太神奇了！"于是，傲慢的公主为了得到锅，她只好给了牧猪人十个吻。

"要是你们敢把这件事情说出去，我一定要会让你们付出代价的！"公主对牧猪人和侍女说。

不久王子又做了一个会唱歌的玩具。可这次王子要公主吻自己一百下才肯把玩具卖给公主。高傲的公主害羞极了，她怕被人发现，便让侍女们围成了一个圈。

就在公主和牧猪人接吻的时候，这一切被国王看到了。

"天哪，到底发生了什么事情？"国王在宫殿上看到猪圈附近围着一群人，很好奇，便朝着猪圈的方向快速走了过来。

这时，他看到公主正抱着一个脏兮兮

的牧猪人接吻，他气愤地说："上帝啊，我多么希望我看到的这一切都不是真的！公主简直太令我失望了！我再也不想见到她了！"

就这样，这位傲慢的公主和牧猪人一同被国王赶出了王宫。

"哎，我现在什么也没有了，我是多么可怜的一个人！我当初真应该答应那位王子的求婚。现在，我不得不和你在一起了！"公主叹息地说。

"难道你认为我只是一个牧猪人？"王子说着，走到一棵树后面，擦掉了脸上的黑渍，换上了一套王子的礼服，重新回到了公主面前，对公主说："我现在要离开这里，回到我的王国去。你的表现太令我失望了，你完全不在乎一位王子的感受，却为了得到一个玩具而和一个牧猪人接吻。"

"上帝啊，到底发生了什么？哎，我多么希望这一切都不是真的！现在一切都结束了，尊

敬的王子,请您为我指条路吧,我到底该去哪里?"公主无比后悔地说。

王子不再理会公主,他头也不回地走了。王子要赶快回到自己的国家去,那里还有很多事情等待他去处理,此外他还要去寻找一位美丽善良的姑娘做他的新娘。

和爸爸、妈妈一起分享

"牧猪人真是可恶,他向公主求婚,公主不答应他。他就混到王宫里,接近公主。公主被赶出王宫后,他又看不上公主了!这个王子变脸真是太快了。"读完故事后,婷婷气愤地说。

"有没有公主为了礼物而放弃自我的原因呢?"我问她。

小诗想了一下,说:"确实也有这方面原因啦,不过这个王子确实不够友善。"

可是,为什么王子一定要是友善的呢?为什么公主一定要是美丽的呢?为什么王子一定要和公主结婚呢?现在的童话太多千篇一律了,多一些与众不同的故事,就像这篇这样,也是十分有趣的呀。

大连市张诗婷爸爸　张树春

小朋友,关于这个故事你有什么话要说,写到下面吧!

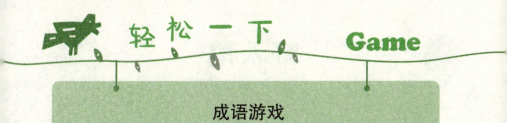

成语游戏

在空格中填上适当的字，将下面的成语补充完整。

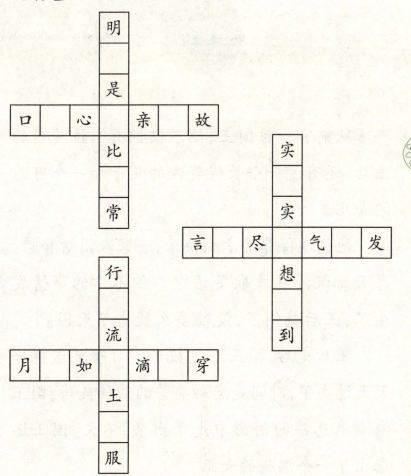

野天鹅

从前有一位国王,他不仅拥有一位美丽的王后,还有十一个长得英俊的儿子和一个可爱的女儿。

他们过得非常幸福快乐,一家人团结和睦,每天都沉浸在欢歌笑语中。但不幸的事情发生了,王后病倒了,没过多久便去了天国。

王后走后,国王难过极了。日子就这样一天天过去了,时间是忘却痛苦的最佳良药,国王渐渐从悲痛的阴影中走了出来,不久,国王迷恋上了一个漂亮的女巫。

女巫虽然长得美丽，但心肠却十分恶毒。

女巫用甜言蜜语哄骗国王，使国王越来越喜欢她，国王的直觉告诉他："这位女巫将会是一位非常好的妻子。"

于是没过多久，国王便把女巫娶回了家。

"亲爱的王后，我应该带你见见我的孩子们了，我想你一定会喜欢他们的。"国王对女巫说。

"亲爱的丈夫，你说得很对。我也很想见见孩子们呢。"女巫微笑地说。

"孩子们，你们看起来真是太可爱了，现在我就是你们的母亲了，我是多么喜欢你们啊！"女巫假情假意地说。

"哦，原来你就是我们的新妈妈，您长得太美丽了！"孩子们赞美地说道。

女巫表面上对孩子们和颜悦色，可心里却暗暗盘算着要如何把他们赶走。

为了让国王厌恶自己的孩子，女巫不停地

在国王面前说着孩子们的坏话。国王渐渐地被女巫迷惑了,他再也不像从前那样疼爱自己的孩子了。

终于有一天,女巫趁国王不注意,把十一位王子变成了天鹅,把唯一的公主艾丽莎赶到了森林中。看着哥哥们被变成天鹅,艾丽莎十分难过。她每天都在祈祷上帝,让他的哥哥们变回以前的样子,回到自己的身边。

一天,艾丽莎像往常一样在为哥哥们祈祷。这时,一位仙女来到了她身边。仙女对她说:"美丽的女孩儿,我想我可以帮助你实现愿望,让你的哥哥们变回人形,回到你的身边。"

"再没有什么事情会比挽救我的哥哥更重要了,要是您愿意帮助我,我会非常感谢您的!"艾丽莎激动地说。

"要是你在一年里,不说一句话,用带着刺的荨麻编织出十一件羽衣披到哥哥们的身上,他们便可以获救,你能够做到吗?"仙女问。

艾丽莎点头答应了。仙女走时，嘱咐艾丽莎说："美丽的女孩儿，你要记住：一年之内，一定不要说一句话，否则你的话会像锋利的短剑刺透你哥哥们的心脏。"

从此，艾丽莎每天都要走很远的路，去采集荨麻编织羽衣，尽管荨麻上的刺一次次扎伤了她的手，她也丝毫不愿放弃。

艾丽莎不停地织着，织好了一件又一件羽衣。一天，艾丽莎在采集荨麻时，与一位国王相遇了。国王暗暗地想："这是多么美丽而又勤快的女孩儿，我多么希望她能够成为我的妻子。"

"美丽的女孩儿，你愿意和我回到王宫吗？"国王问。

艾丽莎没有

回答，只是默默地点了点头，她现在还不能开口说话，要是她在这个时候回答了国王的问题，她的哥哥们便无法变回人形，无法回到她的身边了。

国王看到艾丽莎点头，便高兴地带她来到了王宫，没过多久，便与她举行了盛大的婚礼。艾丽莎身在王宫，可她心中却依旧思念她的哥哥们，她每天仍然在不停地编织着羽衣。

很快，艾丽莎便将王宫附近的荨麻用光了，为了找到新的荨麻，织完剩下的羽衣，艾丽莎只好来到了距离王宫十分遥远，并且隐藏着许多吸血鬼的花园来收集荨麻。

一天晚上，艾丽莎像往常一样采集荨麻，一位大臣看到了她。"王后怎么会出现在这里？难道她是吸血鬼。"大臣想着、想着，心里开始不安起来。

"哦，我不敢再想象下去了，这是一件多么可怕的事，我要赶紧将此事告诉国王。"这位大臣情绪激动地说。

第二天,这位大臣便将此事告诉了国王:"尊敬的国王,我想不久我们的国家就要发生一件可怕的事情了。"

国王吃惊地问:"可怕的事情?究竟是怎么回事?你不要再卖关子了,快点儿告诉我。"

"尊敬的国王,我看到王后在夜晚来到了一个隐藏着许多吸血鬼的花园中,我想她一定是一个吸血鬼。"大臣说。

"我不相信你说的话,这一定不是真的!"国王说。

"要是您不相信我说的话,就请在夜晚随我到花园中看看吧。"大臣说。

夜晚终于到来了,国王和大臣一起来到了花园中。在花园中他们看到一个吸血鬼从花园上空飞过。

"哎,我不得不相信你说的话了。要是她不是吸血鬼,为什么会来这种鬼地方?如果她真是吸血鬼,我就必须要杀死她了。我真是有些不忍心看着她死去,可我必须要这样做!"国王无奈地说。

国王将艾丽莎关了起来,准备将艾丽莎处死。

"就让你在去天国之前,感受一下人间的温暖吧。"国王说着,便把剩下的荨麻和织好的羽衣扔给了艾丽莎。

艾丽莎悲伤地想:"我想我很快就要死去了,可我还没有把羽衣完全织好。上帝啊,我多么希望您能让时间过得慢些。"

为了把最后一件羽衣织完,艾丽莎的手指一刻也不愿停下,她几乎忘记了时间,忘记了一切。

太阳的光洒进了关着艾丽莎的屋子,她终于把最后一件羽衣也织好了。

就在艾丽莎即将被处死的时候,从天空中飞过十一只天鹅,它们都戴着金色的王冠,艾丽

莎迅速将羽衣扔向它们。一瞬间,天鹅消失了,出现了十一位戴着王冠的王子。

王子们大声喊道:"艾丽莎没有错,艾丽莎没有错!"

看到哥哥们回来了,艾丽莎终于可以开口说话了,她把事情的经过告诉了国王。

国王心中十分懊悔,他对艾丽莎说:"亲爱的妻子,对不起,是我误解了你,就让你的哥哥们和我们一起回王宫吧。"

艾丽莎和哥哥们团聚了,他们一起随国王回到了王宫,过上了幸福的生活。

艾丽莎和哥哥们把事情的经过告诉了他们的父亲,于是恶毒的女巫被处死了,她终于得到了报应。

和爸爸、妈妈一起分享

　　到底什么才是情呢？看完这个故事我不禁想了许多。情字从写法上看是由竖心和青字组成，这便意味着情要发自于一个人的内心，是一个人的主观意识而不是任何外力所能促成的。

　　故事中的十一件羽衣之所以能够破解女巫的咒语，完全是因为羽衣中暗藏着一份浓浓的亲情，也正是因为艾丽莎的心中饱含对哥哥们的亲情，才能在解救哥哥们的道路上不畏艰险，克服重重困难。

　　在日常生活中或许我们不会遇到很多大风大浪，更多时候过的是平平淡淡的日子，可我们总是很忙，因为忙我们很少想到我们的亲人，看了这个故事我不禁想起我的亲人，想起那份久违的亲情。

齐齐哈尔市燕翔睿爸爸　　燕洪文

小朋友，关于这个故事你有什么话要说，写到下面吧！

轻松一下 Game

将下面的字重新组合,组成6个新的成语。

1. 及另看世山食铺气吞眼迫不日饱立处天地自终相待河盖

迫 _____   另 _____   气 _____
铺 _____   立 _____   饱 _____

2. 明瞒高河裂痛败月风海深信开黑口名察毫过天恶秋绝自

瞒 _____   明 _____   月 _____
信 _____   自 _____   深 _____

答案:1. 迫不及待 另眼相看 气吞山河 铺天盖地 立足之处 饱食终日 2. 瞒天过海 明察秋毫 月黑风高 信口开河 自绝于人 深恶痛绝

白雪公主

很久以前,有一个国王和王后,他们一直没有孩子,于是他们向上帝祈求:"仁慈的上帝啊,请您赐予我们一个可爱的孩子吧。"

上帝被他们的诚心感动,不久以后,王后果真生了一个皮肤白里透红、头发乌黑亮泽的女孩。这个小女孩长得十分美丽可爱,王后给她取名为"白雪公主"。

白雪公主在国王和王后的精心呵护下渐渐长大了,越长越漂亮。但不幸的事情发生了,王后去世了。不久,国王又娶了一位新妻子,然而这位新王后尽管长得很美,但却十分恶毒。

新王后有一面魔镜,魔镜具有窥视一切的魔力。王后每天总是要问她的魔镜:"魔镜告诉我,这个世界上谁是最美丽的女人?"

镜子总是回答说:"尊敬的王后,当然是您最美丽了。"

可是有一天,王后又问魔镜:"魔镜,请告诉我,谁是世界上最美丽的女人?"

而魔镜的回答却令她大发雷霆,魔镜说:"王后啊,王后,虽然您很美丽,但白雪公主长得比您更美。"

王后无法忍受这个世界上还有比她更美丽的女人。于是,在嫉妒心的驱使下,她命令一个猎人把白雪公主带到森林里杀掉。

好心的猎人不忍心杀掉白雪公主,便把她放了。猎人宰了一头小鹿,把它的心挖了出来交给了王后。

可怜的白雪公主谢过猎人,继续往前走。

她在森林里走了很久,终于看到了一间小房子,便走了进去,房子里的一切都摆放得井井有条。

在一张铺着白布的桌子上,摆放着七个盘子,盘子里放着面包;还有七个酒杯,酒杯里盛着葡萄酒;旁边放着七个叉子和七把餐刀;桌子旁边摆放着七张小床。又累又饿的白雪公主,吃了一些面包,喝了一点葡萄酒后,便躺在一张她认为最舒适的小床上睡着了。

晚上,小房子的主人回来了,他们是在森林中开采金矿的七个小矮人。"难道是有人来过这间屋子吗?我的面包好像被人吃了,我的葡萄酒好像被人喝了。"七个小矮人七嘴八舌地说道。

"哦,天哪,这个小姑娘会是谁呢?我从来没有见过这么漂亮的孩子!"一个小矮人望着床上躺着的白雪公主兴奋地说道。

小矮人们没有吵醒白雪公主,白雪公主就

这样一直睡到第二天早上才醒来。她跟小矮人们讲述了自己的经历,小矮人们很喜欢白雪公主,很快就和她成了好朋友。

一天,王后又问魔镜:"这个世界上谁是最美丽的女人?"

镜子回答:"住在森林中的白雪公主比您更美。"

这时王后才知道猎人欺骗了她,白雪公主并没有死。

王后气得火冒三丈,她发誓一定要把白雪公主除掉。于是她扮成一个卖头饰的老太婆来到森林里,趁白雪公主不注意,用丝带把她勒晕了。王后以为勒死了白雪公主,但是小矮人们替白雪公主解开了脖子上的丝带,救活了她。

王后得知白雪公主没有死,又气急败坏地拿了一个毒苹果来到森林中,哄骗白雪公主吃下了

毒苹果,这回白雪公主真的被王后毒死了。王后开心极了,现在她终于是世界上最美丽的女人了。

白雪公主的死,让小矮人们伤心欲绝,他们在白雪公主身边守护了三天三夜,当他们打算把她埋葬时,发现白雪公主的尸体没有丝毫腐烂的迹象,她的皮肤依旧白皙红润,头发依旧乌黑发亮,还是那样美丽动人,就像睡美人一样。

小矮人们不忍心把白雪公主埋在黑暗的土里,于是他们把白雪公主放进了一口水晶棺材里,轮流守护。

就这样,过了很久很久。一天,一位王子路过此处,看到了美丽的白雪公主,他内心激动不已,对白雪公主一见钟情,他不相信白雪公主已经死去了,于是他亲吻了白雪公主的额头,并恳请小矮人们让他把白雪公主带回自己的国家。

小矮人们被王子的诚意所打动,答应了王子的要求。

就在王子运送水晶棺材回国的路上，棺材一不小心被路旁的石头撞了一下，奇迹出现了，那块毒苹果突然从白雪公主的口里吐了出来，白雪公主复活了。

不久，王子和白雪公主举行了盛大的婚礼，当然，七个小矮人作为贵宾应邀参加了婚礼，王子还邀请了那个恶毒的王后，当王后得知白雪公主复活了，气得晕了过去。结果她一病不起，没过多久便死了。

和爸爸、妈妈一起分享

读了白雪公主的故事后，丹丹对我说："爸爸，我觉得白雪公主好可怜。"

"为什么这么说？白雪公主其实很幸运，她有善良的小矮人做朋友，最后又嫁给了王子，过上了幸福的生活。"我说。

"爸爸，你难道没有听过一首歌吗？叫《世上只有妈妈好》。白雪公主很小的时候，妈妈就去世了，难道不可怜吗？"丹丹反问我。

"嗯，你说得对。但生老病死是人之常情，父母总会变老，不会守护你一辈子的。"我颇有感慨地对她说。

"爸爸，你说得没错。看来我们一定要对妈妈更好一些。"丹丹回答说。

"丹丹，要公平啊，你也要对爸爸好才行。"我假装生气地说。

哈尔滨市李丹爸爸　李进

小朋友，关于这个故事你有什么话要说，写到下面吧！

_____

_____

_____

_____